Renate Spaetgen

Aufläufe & Gratins

Über 100 internationale süße und pikante Rezepte

Originalausgabe

WILHELM HEYNE VERLAG

MÜNCHEN

HEYNE-KOCHBÜCHER
07/4465

2. Auflage

Copyright © 1986
by Wilhelm Heyne Verlag GmbH & Co. KG, München
Umschlagfoto: Essen & Trinken, Gruner & Jahr, Hamburg
Innenfotos: Teubner, Füssen
Essen & Trinken, Gruner & Jahr, Hamburg
Meine Familie & Ich, Burda, München
Printed in Germany 1989
Umschlaggestaltung: Atelier Ingrid Schütz, München
Satz: Schaber, Wels
Druck und Bindung: Ebner Ulm

ISBN 3-453-40449-1

INHALT

Vorwort

Aufläufe und Gratins sind eine wunderbare Erfindung! Nun haben Aufläufe oft noch den Geruch des Billigen oder der Resteverwertung an sich, aber das sollten Sie gründlich vergessen! Denn es gibt eine solche Vielzahl von raffinierten Gratins und Aufläufen, ob süß oder pikant, etwas schwieriger oder ganz schnell und einfach zuzubereiten, daß man in jedem Fall dem Anspruch eines köstlichen Mahles gerecht werden kann.

Aufläufe und Gratins sind außerdem praktisch: Sehr oft lassen sie sich schon lange vor dem Essen vorbereiten und müssen dann nur noch in den Ofen geschoben werden, so daß genug Zeit bleibt, den Tisch zu decken, Gäste zu begrüßen oder – nicht zu vergessen – die Kinder vor dem Essen in Ruhe zu versorgen. Während das Gericht dann im Ofen gart, hat man außer einem gelegentlichen prüfenden Blick nichts mehr zu tun!

Bei der Zubereitung von Gratins und Aufläufen ist es wie bei allen Mahlzeiten wichtig, daß frische und für besondere Anlässe raffinierte oder sogar ausgefallene Zutaten verwendet werden.

Süße Aufläufe eignen sich hervorragend als Dessert oder mit einer Suppe vorweg als komplette Mahlzeit. Auch hier haben Sie den Vorteil, alles vorbereiten zu können und es ohne große Mühe nur noch servieren zu müssen.

Und nicht zuletzt sind Aufläufe und Gratins wirklich *die*

idealen Resteverwerter. Mit ein paar frischen Extra-Zutaten versehen, werden auch diese Gerichte köstlich schmecken und der ganzen Familie Spaß machen.

Das einzige besondere Küchengerät, das Sie für Aufläufe und Gratins brauchen, sind feuerfeste Formen. Den Ausdruck »Auflaufform« finden Sie bei jedem Rezept. Die Formen können aus Porzellan, Glas oder Steingut sein und sollten einen hohen, glatten Rand haben. Nur für Gratins, die ganz kurz überbacken werden, sind flache Formen besser.

So wünschen wir gutes Gelingen mit all den hier angebotenen Köstlichkeiten.

Aufläufe und Gratins mit Fisch und Meeresfrüchten

Fischauflauf mit Blumenkohl

700 g gegarter Fisch
500 g gegarter Blumenkohl
40 g Butter
40 g Mehl
3/8 l Gemüse- oder Fisch-
brühe
Salz
Zitronensaft

50 g geriebener Emmen-
taler
4 EL saure Sahne
1–2 Eigelb
40 g Butter
1 EL Semmelbrösel
2 EL geriebener Parmesan

Den Fisch gegebenenfalls von Gräten und Haut befreien
und in kleine Stücke zerpflücken. Den Blumenkohl in
Röschen teilen. Butter erhitzen, Mehl darin anschwitzen
und kurz anrösten. Brühe zugießen, alles einmal aufkochen, dann etwa 5 Minuten köcheln lassen. Mit Salz, Zitronensaft und Emmentaler abschmecken. Sauce etwas
auskühlen lassen, dann saure Sahne und Eigelb unterrühren. Eine feuerfeste Form mit der Hälfte der Butter
ausfetten. Blumenkohl und Fischstücke lagenweise einschichten, mit der Sauce übergießen und mit den Semmelbröseln, dem Parmesan und der restlichen Butter in
Flöckchen belegen. Auflauf im vorgeheizten Ofen bei
200° etwa 20 Minuten überbacken.

Seelachsauflauf

2 gegarte Pellkartoffeln
1 Bund Frühlingszwiebeln
½ EL Butter
Salz
Pfeffer
1 Bund Dill

500 g Seelachs
2 EL Zitronensaft
3 Eier
½ l süße Sahne
½ TL Senfpulver

Kartoffeln schälen und in dünne Scheiben schneiden. Frühlingszwiebeln putzen, waschen und in Ringe schneiden. Mit den Kartoffeln lagenweise in eine gebutterte Auflaufform schichten, dabei jede Schicht mit Salz und Pfeffer würzen. Dill waschen und fein hacken. Seelachs abtupfen und in mundgerechte Stücke schneiden. Stücke mit Zitronensaft beträufeln und mit dem Dill auf den Kartoffeln verteilen. Eier mit Sahne und Senfpulver verquirlen und über den Fisch gießen. Den Auflauf im vorgeheizten Ofen bei 180° etwa 30 Minuten garen.

Seelachsauflauf mit Spinat

700 g Seelachsfilet	1 Zwiebel
Saft von 1 Zitrone	¼ l süße Sahne
Salz	2 Eier
Pfeffer	20 g Butter
700 g frischer Blattspinat	1 EL Semmelbrösel
1 Knoblauchzehe	75 g geriebener Käse

Fischfilet kalt waschen, abtupfen und in kleine Stücke schneiden. Mit dem Zitronensaft beträufeln, salzen, pfeffern und einige Minuten ziehen lassen. Inzwischen Spinat verlesen, waschen und grob hacken. Knoblauch und Zwiebel schälen, fein hacken und mit dem Spinat und dem Fisch mischen. Sahne und Eigelb verquirlen und unterheben. Das Ganze noch einmal würzen. Eiweiß steif schlagen und unterziehen. Eine Auflaufform mit Butter ausfetten, die Spinat-Fisch-Mischung einfüllen und mit den Semmelbröseln und dem Käse bestreuen. Den Auflauf im vorgeheizten Ofen bei 180° 30 bis 35 Minuten garen.

Schollenauflauf

3 Zwiebeln
2 Lorbeerblätter
Salz
Pfeffer
¼ l Weißwein
500 g Schollenfilets

150 g Champignons
30 g Butter
1 Bund Dill
¼ l süße Sahne
6 Eier
3 EL geriebener Käse

2 Zwiebeln schälen, halbieren und mit Lorbeer, Salz, Pfeffer, Wein und ⅓ l Wasser 10 Minuten kochen. Die Schollenfilets enthäuten und entgräten und bei mäßiger Hitze etwa 8 Minuten in wenig Butter andünsten. Die Schollenfilets gut abtropfen lassen und einen Teil in eine gut gebutterte feuerfeste Form geben. Mit Pilzen bedecken und danach wieder mit einer Lage Schollenfilets. Dill waschen und hacken. Die Sahne mit Eiern, Salz, Pfeffer, Dill und Käse verquirlen und über den Fisch gießen. Im vorgeheizten Ofen bei 175° zunächst 20 Minuten, dann bei heruntergedrehter Temperatur noch etwa 30 bis 35 Minuten überbacken.

Fisch-Tomaten-Auflauf

750 g Goldbarschfilet
Saft von 1 Zitrone
Salz
1 kg Tomaten
1 Bund Petersilie
1 Bund Dill

20 g Butter
2 EL Semmelbrösel
50 g geriebener Käse
3 Eier
$\frac{1}{8}$ l Crème fraîche
Pfeffer

Fischfilets abspülen und mit Haushaltskrepp etwas trok-
kentupfen. Mit Zitronensaft beträufeln und leicht salzen,
dann die Filets einige Minuten ziehen lassen. Tomaten
überbrühen, abziehen und in nicht zu dicke Scheiben
schneiden. Petersilie und Dill waschen und klein hacken.
Eine Auflaufform gut fetten, mit Semmelbrösel und geriebenem Käse bestreuen. Dann beginnend mit dem Fisch
die Tomaten und Kräuter in die Auflaufform schichten,
dabei mit einer Lage Tomaten abschließen. Eier mit Crème
fraîche verquirlen, salzen und pfeffern. Über den Auflauf
gießen und das Ganze im vorgeheizten Ofen bei 220° etwa 30 Minuten überbacken.

Gratin mit Fischstäbchen

15–20 tiefgekühlte Fisch-
stäbchen
1 EL Öl
2 Zwiebeln
200 g Champignons
1 Bund Petersilie

150 g Kochschinken
⅛ l süße Sahne
2 EL Tomatenmark
Salz
Pfeffer
200 g geriebener Käse

Die Fischstäbchen aus der Packung nehmen und unaufge-
taut von beiden Seiten im Öl knusprig braten. Herausnehmen und etwas abtropfen lassen. Zwiebeln fein
hacken, Champignons putzen und in dünne Scheiben
schneiden, Petersilie waschen und fein hacken. Den
kleingeschnittenen Kochschinken leicht im verbliebenen
Öl anbraten, die Zwiebeln dazugeben und etwas glasig
braten. Dann die geschnittenen Champignons dazugeben
und so lange dünsten, bis sie etwas Flüssigkeit abgeben.
Sahne und Tomatenmark zugeben und das Ganze einmal
kurz aufkochen lassen. Die Sauce mit Salz und Pfeffer abschmecken, dann die kleingehackte Petersilie darübergeben. Zunächst eine Lage Fischstäbchen in eine Auflaufform geben, dann etwas von der Zwiebel-Champignon-
Sauce darübergießen. So fortfahren, bis alle Zutaten ein-
geschichtet sind, dann mit Käse bestreuen. Den Auflauf
bei 220° 20 Minuten im vorgeheizten Backofen überbacken.

Matjesauflauf

1 kg Kartoffeln
1 Zwiebel
8 Matjesfilets
8 EL Öl
¼ l süße Sahne

2 Eier
Pfeffer
1 EL Semmelbrösel
1 EL Butter

Die Kartoffeln schälen und in dünne Scheiben schneiden.
Die geschälte Zwiebel in Ringe schneiden. Die Matjesfilets
in mundgerechte Stücke teilen. Zwiebel und Kartoffeln in
einer großen Pfanne in Öl braten und nach etwa 5 Minuten wieder herausnehmen. In eine gut gefettete Auflaufform lagenweise Kartoffeln, Zwiebel und Fisch einschichten. Als letzte Schicht Kartoffeln auflegen. Die Sahne und
die Eier miteinander verquirlen, mit Pfeffer würzen und
über den Auflauf gießen. Obendrauf Semmelbrösel streu-
en und den Auflauf mit kleinen Butterflöckchen belegen.
Bei 225° im vorgeheizten Backofen 25 Minuten backen.

Hackfleisch-Wirsing-Auflauf (Rezept S. 25) ▶

Thunfischgratin

8 Scheiben Toastbrot
2 EL frische gehackte
Kräuter nach Wahl
1–2 zerdrückte
Knoblauchzehen
4 EL Olivenöl
1 EL Butter

2 Dosen Thunfisch (ca.
300 g)
200 g Mozzarella
Salz
Pfeffer
1 große Dose geschälte
Tomaten
2 EL geriebener Parmesan

Die Toastbrotscheiben rösten. Die Kräuter mit Knoblauch
und Öl verrühren und die Brote damit bestreichen. Den
Boden einer mit Butter gefetteten Auflaufform mit der
Hälfte der Brotscheiben belegen. Den sehr gut abgetropften Thunfisch auf die Brotscheiben verteilen, mit dicken
Mozzarellascheiben belegen, salzen und pfeffern. Danach
das restliche Toastbrot darauflegen. Die Tomaten abtropfen lassen, etwas zerkleinern und mit wenig Tomatensaft
über den Gratin verteilen. Das Ganze noch einmal salzen.
Den geriebenen Parmesan darüberstreuen und den Gratin im vorgeheizten Ofen bei 200° etwa 20 Minuten
backen.

◀ Schinken-Brot-Auflauf (Rezept S. 36)

Thunfischauflauf

400 g Thunfisch aus der Dose	2 EL Mehl
2 Zwiebeln	¼ l Fleischbrühe
2 Knoblauchzehen	Salz
1 Bund Petersilie	Pfeffer
500 g Tomaten	50 g geriebener Käse
250 g frische Champignons	1 Ei
30 g Butter	6 EL Crème fraîche

Den Thunfisch abtropfen lassen, das Öl auffangen und in
eine Pfanne geben. Zwiebeln und Knoblauchzehen fein
hacken und in dem Thunfischöl anbraten. Kleingehackte
Petersilie dazugeben und noch etwa 3 Minuten dünsten,
dann vom Herd nehmen. Den zerkleinerten Thunfisch in
die Mischung einrühren. Tomaten mit kochendem Wasser überbrühen, häuten und in dünne Scheiben schneiden. Champignons waschen und ebenfalls in Scheiben
schneiden. Eine Auflaufform etwas fetten. Aus der übrigen
Butter und dem Mehl eine Mehlschwitze herstellen. Mit
der Fleischbrühe ablöschen und einige Minuten köcheln
lassen. Die Sauce mit der Thunfischmischung verrühren.
Zunächst eine Schicht Tomaten in die gebutterte Form legen, dann die Hälfte der Thunfischsauce darübergeben.
Die Champignons darauflegen, den Rest der Thunfischsauce darübergießen und zum Schluß die verbliebenen
Tomatenscheiben daraufschichten. Alles mit Salz und Pfeffer würzen. Geriebenen Käse, Ei und Crème fraîche miteinander verquirlen und über den Auflauf gießen. Das
Ganze bei 220° im vorgeheizten Ofen etwa 30 Minuten
überbacken.

Heringsgratin mit Kartoffeln

4 grüne Heringe	Salz
2 Zwiebeln	Pfeffer
4 gegarte Pellkartoffeln	$\frac{1}{4}$ l süße Sahne
20 g Butter	150 g geriebener Käse

Die Heringe kalt abspülen und mit Küchenpapier trockentupfen. Dann in kleine Stücke teilen. Zwiebeln schälen und in Ringe schneiden. Kartoffeln ebenfalls schälen und in dünne Scheiben teilen. Eine Auflaufform gut mit Butter einfetten. Den Boden mit Kartoffelscheiben belegen, diese salzen und pfeffern. Heringe und Zwiebeln darauf verteilen und wieder mit Kartoffelscheiben belegen. Sahne angießen und den Käse darüberstreuen. Den Gratin im vorgeheizten Ofen bei 220° etwa 20 Minuten überbacken.

Fischauflauf mit Krabben

250 g Rotbarschfilet	Salz
250 g geschälte Krabben	Pfeffer
1 Bund Dill	1 EL Cognac
⅜ l süße Sahne	1 EL Butter
3 Eier	2 EL geriebener Käse

Fischfilet und Krabben waschen und abtrocknen. Dill waschen und fein hacken. Rotbarsch mit einer Gabel zerpflücken und mit den Krabben, dem Dill, der Sahne, Eigelb, Salz, Pfeffer und Cognac verrühren. Eiweiß steif schlagen und unterziehen. Masse in eine gebutterte Auflaufform geben und mit dem Käse bestreuen. Im vorgeheizten Ofen bei 200° etwa 20 Minuten backen.

Gratin mit Scampi und Blumenkohl

1–2 kg Blumenkohl
Salz
150 g Butter
50 g Semmelbrösel
250 g Scampi

2 Bund Dill
50 g Mehl
$\frac{1}{8}$ l süße Sahne
35 g Krebsbutter

Den Blumenkohl putzen und waschen. 15 Minuten in Salzwasser garen und danach abtropfen lassen. Etwa $\frac{1}{8}$ l Blumenkohlkochwasser aufheben. Die Hälfte der Butter zerlassen, darin die Semmelbrösel in einer Pfanne goldgelb rösten und eine Auflaufform damit ausstreuen. Blumenkohl in Röschen zerpflücken und in die Auflaufform legen. Scampi darüber verteilen. Dill waschen und grob hacken. Restliche Butter in einem Topf erhitzen, Mehl mit einem Schneebesen einrühren, mit Sahne und Blumenkohlwasser auffüllen und einmal kurz aufkochen lassen. Den Dill mit einer Prise Salz unterrühren. Diese Sauce über den Blumenkohl gießen und die Krebsbutter in Flöckchen obendrauf verteilen. Den Auflauf etwa 15 Minuten bei 225° im vorgeheizten Ofen überbacken und danach noch etwa 5 Minuten unter den Grill schieben.

Miesmuschelauflauf

3 kg Miesmuscheln	Pfeffer
3 Knoblauchzehen	Cayennepfeffer
¼ l Weißwein	3 Zwiebeln
1 Dose Sardellenfilets in Öl	2 Tomaten
30 g Butter	50 g Butter
60 g Semmelbrösel	4 Eigelb
2 EL süße Sahne	4 EL saure Sahne
Salz	100 g geriebener Käse

Muscheln unter fließendem kaltem Wasser abbürsten. Muscheln, die sich dabei nicht schließen, wegwerfen. Knoblauch schälen und durch die Presse drücken. Mit den Muscheln, dem Wein und etwa ⅛ l Wasser in einen Topf geben und zum Kochen bringen. Muscheln so lange kochen, bis sie sich geöffnet haben. Noch geschlossene Muscheln wegwerfen. Muscheln abtropfen lassen und das Fleisch aus den Schalen lösen. Sardellenfilets mit einer Gabel zerdrücken und mit der Butter, den Semmelbröseln und der Sahne verrühren. Mit Salz, Pfeffer und Cayennepfeffer pikant würzen. Zwiebeln schälen und fein hacken. Tomaten waschen und würfeln. Die Hälfte der Butter erhitzen und die Zwiebeln darin glasig braten. Die Sardellenpaste unterrühren und den Muschelsud angießen. Bei starker Hitze etwa 5 Minuten kochen, etwas auskühlen lassen, dann Tomaten, Eigelb und saure Sahne untermischen. Eine Auflaufform mit der restlichen Butter einfetten. Muscheln hineingeben und mit der Sauce übergießen. Den Käse darüberstreuen und den Auflauf im vorgeheizten Ofen bei 220° etwa 20 Minuten überbacken, bis der Käse schön braun ist.

Aufläufe
und Gratins
mit
Fleisch
und Wurst

Hackfleischauflauf mit Rosenkohl

1 altbackene Semmel	Pfeffer
1 Zwiebel	2 EL Butter
500 g Rosenkohl	125 g geriebener Käse
Salz	$\frac{1}{8}$ l süße Sahne
500 g Rinderhackfleisch	$\frac{1}{2}$ Bund Petersilie
1 Ei	2 Tomaten

Die Semmel in kaltem Wasser einweichen. Die geschälte Zwiebel sehr fein hacken. Rosenkohl putzen und in kochendem Salzwasser nicht zu weich kochen, dann abtropfen lassen. Hackfleisch mit der Zwiebel, Ei und der gut ausgedrückten Semmel verkneten. Mit Salz und Pfeffer würzen. Eine feuerfeste Form mit etwas Butter gut fetten und den Hackfleischteig am äußeren Rand verteilen. Den Rosenkohl in die Mitte legen. Käse und Sahne cremig rühren, die gehackte Petersilie untermischen und über den Blumenkohl geben. Die gewaschenen, in Scheiben geschnittenen Tomaten auf dem Hackfleisch verteilen, salzen, pfeffern und mit der restlichen Butter in Flöckchen besetzen. Den Auflauf bei 220° etwa 20 bis 30 Minuten im vorgeheizten Ofen überbacken.

Hackfleisch-Wirsing-Auflauf
(Foto S. 16)

500–600 g Wirsing	Knoblauchzehe
Salz	30 g Butter
500 g Kartoffeln	Pfeffer
500 g gemischtes Hack-	$\frac{1}{4}$ l süße Sahne
fleisch	1 TL Speisestärke
3 Eier	1 Eigelb
Rosenpaprika	Muskat

Von dem Wirsingkopf die äußeren Blätter entfernen, dann den Kohl halbieren und in Streifen schneiden. Das Gemüse 2 bis 3 Minuten in kochendem Salzwasser blanchieren und danach auf einem Sieb abtropfen lassen. Kartoffeln schälen und auf dem Gurkenhobel hobeln. Hackfleisch mit Eiern, Salz, Paprika und durchgepreßtem Knoblauch vermischen. Eine Auflaufform gut buttern und die Hälfte der Kartoffeln und des Wirsings einfüllen. Etwas Salz und Pfeffer dazugeben und als nächste Schicht den Hackfleischteig darüberstreichen. Dann kommt noch einmal eine Schicht mit den restlichen Kartoffeln und den Wirsingstreifen. Für die Sauce die Sahne kurz aufkochen lassen und mit der in kaltem Wasser angerührten Speisestärke binden. Etwas auskühlen lassen, dann das Eigelb unterrühren und die Sauce über den Auflauf verteilen. Im vorgeheizten Ofen bei 200° etwa 1 Stunde backen. Nach Wunsch mit braun gebratenen Speckscheiben belegen.

Auflauf mit Hackfleisch
und Blumenkohl
(für ca. 6 Personen)

2 altbackene Semmeln   Sojasauce
1 l Milch   Salz
2 Eier   Pfeffer
1 kg gemischtes Hackfleisch   1 Blumenkohl
2 Knoblauchzehen   1 kg Tomaten
2 Zwiebeln   2 EL Mehl
6 EL Butter oder Margarine   ¼ l süße Sahne
Worcestersauce   400 g geriebener Käse

Die Semmeln in Scheiben schneiden, mit ¼ l kochender
Milch übergießen, einige Minuten ziehen lassen und
dann mit den Eiern zu dem Hackfleisch zugeben. Knoblauch und Zwiebel schälen, klein hacken und in 2 Eßlöffeln Fett glasig braten. Dem Hackfleisch zugeben und mit
Worcester- und Sojasauce, Salz und Pfeffer würzen. Den
Blumenkohl in einzelne Röschen teilen und in Salzwasser
nur knapp gar kochen. Tomaten überbrühen, enthäuten
und in Stücke schneiden. Die Kerne entfernen. 2 Eßlöffel
Fett erhitzen, Mehl anschwitzen und mit ¾ l Milch ablöschen. Alles glattrühren und in etwa 10 Minuten zu einer
dicksämigen Sauce kochen. Die Sahne zugeben und
ebenfalls einkochen lassen. Den geriebenen Käse einrühren. Ein tiefes Backblech mit dem restlichen Fett ausstreichen. Das Hackfleisch darauf ausbreiten und die Blumenkohlröschen so darauf verteilen, daß dazwischen die To-
matenstücke Platz haben. Die dicke Käsesauce darüber
verteilen. Alles in den vorgeheizten Backofen geben und
bei 180° etwa 45 Minuten backen.

Fleischgratin mit Tomaten

800 g Kartoffeln
500 g Rinderhackfleisch
8 EL Olivenöl
Salz
Paprikapulver
250 g Zwiebeln
4 Knoblauchzehen

800 g schnittfeste Tomaten
1 Bund Basilikum
150 g griechischer Schaf-
käse
50 g geriebener Käse
40 g Semmelbrösel
25 g Butter

Die Kartoffeln in der Schale in wenig Wasser weich kochen. Rinderhackfleisch in 2 Eßlöffeln Öl anbraten, mit
Salz und Paprika würzen und beiseite stellen. Zwiebeln
schälen und in feine Scheiben schneiden, geschälten
Knoblauch durch die Presse drücken und in 2 Eßlöffeln Öl
glasig braten. Mit Salz würzen. Tomaten waschen und in
Scheiben schneiden, diese eventuell halbieren. Basilikumblätter waschen und, wenn möglich, ganz lassen. Nur
wenn sie sehr groß sind, in Streifen schneiden. Den grie-
chischen Schafkäse in Würfel schneiden. Die gekochten
Kartoffeln schälen und in dünne Scheiben schneiden. Eine
Auflaufform mit Olivenöl fetten und die erste Lage Kartoffeln hineingeben. Die zweite Lage ist das Fleisch, darüber
kommen die Zwiebeln, dann die Tomaten, die mit dem
Basilikum bestreut werden. Als letztes dann den Schafkäse
darüber verteilen. Jeweils einige Tropfen Öl darüber geben. Alles lagenweise aufschichten, bis alle Zutaten aufge-
braucht sind. Den Abschluß sollten die Kartoffeln bilden.
Geriebenen Käse mit Semmelbröseln mischen, über den
Auflauf streuen und diesen mit Butterflöckchen besetzen.
Den Auflauf bei 220° etwa 40 bis 50 Minuten im vorgeheizten Ofen garen.

Hackfleischauflauf mit Bohnen

1 kg Kartoffeln	500 g Rinderhackfleisch
Salz	1 große Zwiebel
¼ l Milch	2 Eier
60 g Butter	1 altbackene eingeweichte
Muskat	Semmel
500 g grüne Bohnen	80 g geriebener Käse
1 EL gehackter Dill	2 EL Tomatenmark
1 EL gehackte Petersilie	Pfeffer

Die Kartoffeln schälen, in Würfel schneiden, in Salzwasser zum Kochen bringen und in 30 Minuten garen. Die Kartoffeln dann abgießen und mit kochender Milch und etwas Butter schaumig rühren. Das Kartoffelpüree mit Muskat würzen. Die Bohnen waschen und in kurze Stücke brechen. Mit ganz wenig Wasser und etwas Butter gar dünsten. Mit Petersilie und Dill bestreuen und etwas salzen. Das Rinderhackfleisch mit der geschälten, geriebenen Zwiebel, den Eiern, der eingeweichten und ausgedrückten Semmel sowie dem geriebenen Käse verkneten. Mit Tomatenmark, Salz und Pfeffer würzen. Eine Auflaufform mit Butter fetten und zunächst mit der Hälfte des Kartoffelbreis belegen. Die Bohnen und das Hackfleisch darübergeben, dann die zweite Hälfte des Kartoffelbreis. Einige Butterflöckchen obendrauf setzen. Den Auflauf im vorgeheizten Backofen bei 200° etwa 30 Minuten überbacken.

Kalbfleischgratin

600 g Kalbsschnitzel
150 g durchwachsener
Speck
200 g Champignons
1 Zwiebel
1 Knoblauchzehe
Salz

Pfeffer
500 g Tomaten
1 Bund Petersilie
½ EL Butter
⅛ l süße Sahne
100 g geriebener Käse

Kalbsschnitzel in dünne Streifen schneiden. Speck würfeln. Champignons putzen und in dünne Scheiben schneiden. Zwiebel und Knoblauch schälen und fein hacken. Speck ausbraten. Zwiebel und Knoblauch zugeben und glasig braten. Champignons und Kalbfleisch kurz mitbraten. Alles mit Salz und Pfeffer würzen. Tomaten waschen und in Scheiben schneiden. Petersilie fein hacken. Fleischmischung und Tomatenscheiben abwechselnd in eine gebutterte Auflaufform schichten, jeweils mit etwas Petersilie bestreuen. Sahne zugießen und alles mit dem Käse bestreuen. Auflauf im vorgeheizten Ofen bei 200° etwa 30 Minuten backen.

Moussaka

500 g Lammfleisch
3 große Auberginen
3 Zwiebeln
5 Tomaten
4–6 Knoblauchzehen
Olivenöl
2 EL Tomatenmark
Salz
Pfeffer
1 TL Honig
2 TL Oregano

1 TL Thymian
1 Bund Petersilie

Für den Guß:
200 g Joghurt
100 g Crème fraîche
150 g saure Sahne
3 Eier
Salz
Pfeffer
Muskatnuß

Das Lammfleisch in feine Würfelchen von etwa ½ cm
Länge schneiden. Auberginen waschen, dann mit der
Schale in etwa 1 cm dicke Scheiben schneiden. Von beiden Seiten salzen und etwa 10 Minuten ziehen lassen. Danach zwischen Küchenpapier abtrocknen. Die Zwiebeln
schälen und hacken. Tomaten überbrühen, häuten und in
Stücke schneiden, Knoblauchzehen schälen. Die Auberginenscheiben in einer sehr großen Pfanne nachein-
ander in reichlich Olivenöl goldgelb anbraten. Wenn alle
Scheiben angebraten sind, die Auberginen wieder in die
Pfanne geben, die Tomatenstückchen zufügen. In einer
anderen Pfanne das Fleisch in Öl anrösten. Wenn es be-
ginnt, braun zu werden, Zwiebeln und Knoblauchzehen
hinzufügen. Tomatenmark einrühren und alles mit Honig,
Oregano und Thymian würzen. Petersilie waschen, fein
hacken und untermischen. Eine Gratinform mit Öl einpin-
seln und in jeweils verschiedenen Schichten Fleisch und

Auberginenscheiben mit Tomaten füllen. Den Joghurt mit Crème fraîche, saurer Sahne und Eiern verquirlen, mit Salz, Pfeffer und Muskat würzen und über den Auflauf gießen. Im vorgeheizten Backofen bei 200° etwa 1 Stunde überbacken.

Leberauflauf mit Kartoffeln

500 g Rinder- oder Kalbs-
leber
3 Zwiebeln
50 g Mehl
6 EL Öl
½ EL Butter

½ l Fleischbrühe
700 g Kartoffeln
500 g Äpfel
Salz
getrockneter Majoran

Die gehäutete Leber in dünne Scheiben schneiden. Die geschälten Zwiebeln in Ringe schneiden. Die Leberscheiben in Mehl wenden, dann mit den Zwiebelringen in einer Pfanne in etwas Öl hellbraun anbraten. Dann alles aus der Pfanne nehmen und in eine gut gebutterte, feuerfeste Form einschichten. Das restliche Mehl in etwas Öl in der Pfanne goldgelb anbraten. Nach und nach die Fleischbrühe einrühren und das Ganze einkochen lassen, bis die Sauce cremig wird. Die geschälten Kartoffeln und die gewaschenen Äpfel ohne Kerngehäuse in dünne Scheiben schneiden und dachziegelartig über die Leber schichten. Mit Salz und Majoran würzen. Die Sauce darübergießen. Den Auflauf im vorgeheizten Ofen bei 200° etwa 50 bis 60 Minuten backen.

Lammauflauf mit Auberginen

1 kg Auberginen	5 EL Tomatenmark
Salz	⅛ l Fleischbrühe
500 g mageres Lamm-	250 g Crème fraîche
fleisch	200 g geriebener Käse
2 Zwiebeln	Pfeffer
4 Knoblauchzehen	½ Bund Petersilie
10 EL Olivenöl	

Die Auberginen waschen, schälen und in etwa ½ cm dicke Scheiben schneiden. Die Scheiben auf einem Brett aufeinanderschichten, mit Salz bestreuen und etwa 20 Minuten ziehen lassen. Das Lammfleisch durch den Fleischwolf drehen. Zwiebeln und Knoblauchzehen schälen und klein hacken. 2 Eßlöffel Olivenöl in einer Pfanne erhitzen. Zwiebeln und Knoblauch darin glasig braten. Das durchgedrehte Lammfleisch zufügen und so lange rühren, bis es grau geworden ist. Dann Tomatenmark und Fleischbrühe dazugeben und alles einmal kurz aufkochen lassen. Die Pfanne vom Herd nehmen. Die Hälfte der Crème fraîche und etwa 100 g Käse einrühren, mit Salz und Pfeffer abschmecken. Die Auberginenscheiben gründlich abspülen und mit Küchenkrepp abtrocknen. Dann in der Pfanne mit Olivenöl braun anbraten. Eine Auflaufform mit etwas Öl beträufeln und mit den Auberginen beginnend die Zutaten einschichten. Die letzte Schicht sollten Auberginen sein. Die fein gehackte Petersilie mit dem restlichen Käse und der Crème fraîche mischen und über den Auflauf geben. Bei 180° etwa 50 Minuten im vorgeheizten Ofen überbacken.

Wurstauflauf mit Sauerkraut (Rezept S. 42) ▶

Huhn-Gemüse-Auflauf

800 g gegartes Hühner-
fleisch
800 g Spargel
100 g Butter
1 Zwiebel
250 g Champignons
Salz

1 EL gehackte Petersilie
40 g Mehl
¼ l saure Sahne
Zucker
1 EL Zitronensaft
100 g geriebener Käse
1 TL Paprikapulver

Das Hühnerfleisch auslösen und würfeln. Den Spargel
sorgfältig schälen und in kleine Stücke schneiden. ¼ l Wasser mit einem Stückchen Butter zum Kochen bringen, den
Spargel hineingleiten lassen und in etwa 20 Minuten nicht
zu weich kochen. Den Spargel herausnehmen und das
Spargelwasser beiseite stellen. Die Zwiebel schälen, würfeln und in etwas Butter glasig anbraten. Dann die geputzten, in Scheiben geschnittenen Champignons dazufügen.
Das Ganze 10 Minuten dünsten, salzen und mit kleinge-
schnittener Petersilie bestreuen. Eine Auflaufform gut fetten und die erste Schicht Hühnerfleisch hineingeben. Danach den Spargel und die Pilze dazugeben. Mehl in etwas
Butter leicht anschwitzen lassen, mit dem Spargelwasser
und der sauren Sahne vermischen und einmal kurz aufkochen lassen. Mit Salz, einer Prise Zucker und Zitronensaft
abschmecken. Das Ganze über den Auflauf gießen. Mit
geriebenem Käse und Paprika bestreuen. Im vorgeheizten
Backofen bei 200° etwa 30 Minuten überbacken.

◄ *Spargelauflauf* (Rezept S. 57)

Nierenauflauf

1 kg Kartoffeln	250 g Kalbsnieren
Salz	100 g Speck
¼ l Milch	3 Zwiebeln
100 g Butter	Pfeffer
1 kg Spinat	2 Eier
Muskat	80 g geriebener Käse

Die Kartoffeln schälen, waschen, würfeln und in Salzwasser 30 Minuten kochen. Abgießen, im Mixer pürieren und unter Zugabe von kochender Milch und etwas Butter schaumig rühren. Den Spinat gut waschen, verlesen und abtropfen lassen. In zerlassener Butter 2 Minuten kurz zusammenfallen lassen, mit Salz und Muskat würzen. Die Nieren in dünne Scheiben schneiden und sehr gründlich wässern. Speck würfeln, in der Pfanne auslassen und die Nierenscheiben mit den geschälten, gewürfelten Zwiebeln darin anbraten. Mit Salz, Pfeffer und Muskat würzen. Eigelb und steif geschlagenes Eiweiß unter den Spinat heben. Eine Auflaufform gut fetten. Zunächst den Spinat hineingeben. Dann die Nieren darauf verteilen und zuletzt den Kartoffelbrei darüberstreichen. Das Ganze mit geriebenem Käse bestreuen, restliche Butter in Flöckchen daraufsetzen und den Auflauf im vorgeheizten Backofen bei 220° etwa 20 Minuten überbacken.
Natürlich können Sie diesen Auflauf auch mit Kartoffelpüree aus der Tüte zubereiten.

Briesauflauf

250 g Mehl
110 g Butter
2 Eier
Salz
Pfeffer
400 g Kalbsbries
Fett für die Form
1 Zwiebel
30 g Butter
1 EL Zitronensaft

300 g gegartes Hühner-
fleisch
100 g Kochschinken
3 EL Crème fraîche
2 Eier
2 EL gehackte Petersilie
Muskat
Worcestersauce
150 g geriebener Käse

Mehl mit Butter, Eiern, Salz und Pfeffer zu einem glatten Teig verkneten und ½ Stunde im Kühlschrank ruhen lassen. Inzwischen das Bries sehr gründlich waschen und anschließend mit kochend heißem Wasser überbrühen. Einige Minuten darin liegenlassen und alle Häute und Röhren entfernen. Das Bries in Stücke schneiden. Eine gefettete Springform mit dem Teig auslegen, ein paar Mal mit einer Gabel einstechen und bei 190° etwa 12 Minuten vorbacken. Die Zwiebel schälen, hacken und mit dem Bries einige Minuten in Butter dünsten. Mit dem Zitronensaft ablöschen. Das Hühnerfleisch auslösen und klein schneiden, Kochschinken in Streifen schneiden und mit Bries, Hühnerfleisch, Crème fraîche, Petersilie und Gewürzen vermischen. Das Ganze in die Form füllen und dick mit geriebenem Käse bestreuen. Bei 225° etwa 25 Minuten überbacken.

Schinken-Brot-Auflauf
(Foto S. 17)

400 g Toastbrot	250 g gemischtes Hack-
5 Eier	fleisch
Salz	2 EL beliebige gehackte
Pfeffer	Kräuter
¼ l Milch	250 g Kochschinken
2 Zwiebeln	1–2 EL Semmelbrösel
40 g Butter oder	
Margarine	

Toastbrot entrinden und in Streifen schneiden. Eier mit
Salz und Pfeffer sowie der Milch verquirlen und einen Teil
davon über die Brotscheiben gießen. Zwiebeln schälen,
fein hacken und in der Hälfte des Fetts glasig braten. Hackfleisch zugeben und mitbraten, bis es sich grau färbt. Kräuter und gewürfelten Schinken untermischen und alles mit
Salz und Pfeffer abschmecken. Toastbrotstreifen abtropfen
lassen und lagenweise mit dem Fleisch in eine gefettete
Auflaufform schichten. Die letzte Lage sollte Brot sein. Die
restliche Eiermilch darübergießen. Den Auflauf mit Semmelbröseln und restlichem Fett in Flöckchen bedecken
und im vorgeheizten Ofen bei 225° etwa 25 Minuten
backen, bis er schön gebräunt ist.

Schinken-Spargel-Auflauf

1,5 kg Spargel
80 g Butter
200 g roher Schinken
30 g Mehl
⅛ l Milch
3 Eier

⅛ l Crème fraîche
80–100 g geriebener Käse
Muskat
1 EL Zitronensaft
2 EL Semmelbrösel

Die Spargelstangen sorgfältig schälen, mit einem Stückchen Butter in kochendes Wasser gleiten lassen und etwa 20 Minuten kochen. Den Spargel herausnehmen und das Spargelwasser aufheben. Schinken fein würfeln. Die Spargelstangen in kurze Stücke schneiden. Eine Auflaufform gut buttern. Die restliche Butter erhitzen und das Mehl darin anschwitzen. Mit Milch und Spargelwasser ablöschen und etwa 5 Minuten kochen. Dann vom Herd nehmen und etwas abkühlen lassen. Eigelb mit Sahne und Käse verquirlen und in die Sauce einrühren. Die Sauce mit Muskat und Zitronensaft abschmecken und unter den Schinken rühren. Eiweiß zu steifem Schnee schlagen und unter die Schinkensauce heben. Die Auflaufform mit Semmelbrösel bestreuen, ⅓ der Sauce hineingeben und darauf die erste Hälfte der Spargelstücke legen. Dann das zweite Drittel Sauce, die restlichen Spargelstücke und die verbliebene Sauce darübergeben. Den Auflauf bei 200° 30 bis 40 Minuten im vorgeheizten Backofen garen.

Schinken-Reis-Auflauf
mit Tomaten

2 Tassen Reis
400 g Kochschinken
1 Stange Lauch
Salz
1 große Dose Tomaten

1 EL Rosinen
Kümmel
Pfeffer
Öl
200 g Schafkäse

Reis in der doppelten Menge Wasser in etwa 15 Minuten körnig kochen. Den Schinken in Würfel schneiden. Gewaschenen Lauch in Ringe schneiden und in kochendem Salzwasser blanchieren. Die Tomaten aus der Dose mit ihrem Saft mit dem blanchierten, abgetropften Lauch, dem körnig gekochten Reis und den Rosinen mischen und mit Salz, Kümmel und Pfeffer würzen. Die Masse in eine gut geölte Auflaufform geben. Mit dem zerbröselten Schafkäse bestreuen und etwas Öl darüberträufeln. Den Auflauf bei 200° 30 Minuten im vorgeheizten Ofen überbacken.

Schinken-Zucchini-Gratin
(für 6 Personen)

2 kg Kartoffeln	Pfeffer
4 Zwiebeln	Muskat
1 kg Zucchini	getrockneter Thymian
500 g Kochschinken	½ l süße Sahne
Öl	½ l Milch
Salz	

Die Kartoffeln schälen und in dünne, gleichmäßige Scheiben schneiden. Die geschälten Zwiebeln in Ringe und die gewaschenen Zucchini in etwa ½ cm dicke Scheiben teilen. Schinken würfeln. Ein tiefes Backblech gut mit Öl auspinseln. Zuerst eine Schicht Kartoffeln darauflegen, mit Zwiebelringen und Schinkenwürfeln belegen. Diese Schicht salzen, pfeffern und mit Muskat und Thymian würzen. Dann den Rest Kartoffeln darauflegen. Wieder mit Salz, Pfeffer, Muskat und Thymian würzen. Sahne und Milch vermischen und über den Auflauf gießen. Zum Schluß noch etwas Öl über das Ganze träufeln. Bei etwa 200° 1 Stunde im Ofen goldbraun überbacken.

Schinken-Reis-Auflauf
mit Käse

1 Zwiebel
40 g Butter
250 g Reis
1 l Fleischbrühe
200 g Kochschinken

¼ l süße Sahne
100 g geriebener Käse
1 Bund Petersilie
Salz

Zwiebel schälen und in Ringe schneiden, dann in etwas
Fett andünsten. Den gewaschenen und gebrühten Reis
dazugeben. Kurz mitdünsten, dann mit der Fleischbrühe
auffüllen. Reis bei kleiner Hitze weich kochen. Schinken
in dünne Streifen schneiden und mit Sahne, Käse, gehackter Petersilie und Salz mischen. In eine gefettete Auflaufform abwechselnd eine Lage Reis und eine Lage Schin-
kenmasse füllen. Auf die oberste Reislage Butterflöckchen
geben. Den Auflauf im vorgeheizten Ofen etwa 30 Minuten bei 200° überbacken.

Schinken-Champignon-Auflauf

125 g Mehl	Koriander
½ l Milch	6 Eier
400 g Champignons	200 g Kochschinken
4 EL Öl	100 g Parmesan im Stück
2 EL süße Sahne	250 g Quark
Salz	½ EL Butter

Mehl gründlich mit der kalten Milch verrühren und quellen lassen. Inzwischen die gewaschenen und geputzten Champignons in Scheiben schneiden und in 1 Eßlöffel Öl 15 Minuten braten. Mit Sahne, Salz und Koriander abschmecken. 4 ganze Eier in den Mehlteig rühren und in 3 Eßlöffeln Öl 4 kleine Pfannkuchen backen. Den Schinken in Würfel schneiden, Parmesan reiben und mit Quark und 2 Eiern mischen. Eine Auflaufform mit Butter fetten und die Pfannkuchen im Wechsel mit der Hälfte des Quarks, Schinken und Champignons hineinschichten. Als letzte Schicht den restlichen Quark darüberstreichen. Den Auflauf im vorgeheizten Backofen bei 225° etwa 20 Minuten backen.

Wurstauflauf mit Sauerkraut
(Foto S. 32)

750 g Kartoffeln	800 g tafelfertiges Sauer-
Salz	kraut
¼ l Milch	400 g Blutwürste
1 Eigelb	400 g Leberwürste
Muskat	schwarzer Pfeffer
2 große Zwiebeln	1 TL Majoran
30 g Butter oder	
Margarine	

Kartoffeln schälen, in Stücke schneiden und in Salzwasser weich kochen. Abgießen, durch eine Kartoffelpresse drücken und mit der kochend heißen Milch verrühren. Eigelb unterziehen und das Püree mit Muskat abschmecken. Zwiebeln schälen und in Ringe schneiden. In etwas Butter erst glasig, dann braun braten. Eine Auflaufform mit der restlichen Butter fetten. Einen Teil des Kartoffelpürees einfüllen und mit der Hälfte des Sauerkrautes und der aus der Haut gedrückten Blutwurstmasse bedecken. Wieder etwas Kartoffelpüree, das restliche Sauerkraut und die Leberwurstmasse einfüllen. Mit Majoran bestreuen und mit einem Drittel der Zwiebelringe und dem restlichen Kartoffelpüree abdecken. Die restlichen Zwiebeln darüberfüllen, den Auflauf mit Folie abdecken und im vorgeheizten Ofen bei 220° etwa 45 Minuten garen. 10 Minuten vor Ende der Garzeit die Folie entfernen.

Gratinierte Knoblauchwurst

500 g Kartoffeln
150 g Champignons
350 g Knoblauchwurst
½ EL Butter
Salz
Pfeffer

Paprikapulver
⅛ l saure Sahne
⅛ l Fleischbrühe
2 EL Semmelbrösel
4 EL geriebener Käse

Kartoffeln waschen und in der Schale weich kochen. Champignons putzen und blättrig schneiden. Knoblauchwurst in dünne Scheiben teilen. Kartoffeln etwas auskühlen lassen, dann ebenfalls in dünne Scheiben schneiden. Lagenweise mit Pilzen und Wurst in eine gebutterte Auflaufform schichten, dabei jeweils mit wenig Salz (die Wurst ist schon gesalzen), Pfeffer, Paprikapulver würzen und mit der sauren Sahne beträufeln. Die letzte Schicht sollten Kartoffeln sein. Fleischbrühe angießen. Semmelbrösel und Käse darüberstreuen und alles im vorgeheizten Ofen bei 220° etwa 20 Minuten überbacken.

Wurstgratin mit Lauch

350 g Lyoner Wurst
4 große Stangen Lauch
½ EL Butter oder
Margarine
Salz

Pfeffer
Kümmel
⅛ l Fleischbrühe
4 EL geriebener Käse
2 EL Semmelbrösel

Wurst enthäuten und in dünne Scheiben schneiden.
Lauch putzen, waschen und in Ringe teilen. Eine Auflaufform mit Fett ausstreichen und lagenweise mit Wurst und
Lauch füllen. Dabei jede Schicht mit wenig Salz, Pfeffer
und Kümmel würzen. Fleischbrühe an den Seiten angießen und den Gratin mit Käse und Semmelbröseln bestreuen. Im vorgeheizten Ofen bei 200° etwa 20 Minuten
überbacken.
Sie können zusätzlich zu der Wurst und dem Lauch noch
gegarten, in Scheiben geschnittenen Knollensellerie in
den Gratin geben.

Aufläufe und Gratins mit Gemüse

GEMÜSEGERICHTE
MIT FLEISCH UND WURST

Schwedischer Spinatauflauf

1 kg Pellkartoffeln (oder
fertiges Flockenpüree)
50 g Butter
1 Ei
⅛ l süße Sahne
Salz
Pfeffer
Muskat

1 kg Blattspinat
15 g Sardellenpaste
2 EL Grieß
2 Zwiebeln
2 hart gekochte Eier
100 g geriebener Käse
1 EL Semmelbrösel

Die Pellkartoffeln zu einem Brei quetschen (oder Fertigpüree benutzen), mit etwas Butter, dem Ei, der Sahne, Salz, Pfeffer und Muskat schaumig schlagen. Spinat putzen, waschen und mit kochendem Salzwasser überbrühen. Abgekühlt grob hacken. Mit etwas Butter, 10 g Sardellenpaste, Muskat und dem Grieß gut verrühren. In eine gut gefettete, feuerfeste Form eine Schicht Kartoffelbrei füllen, die mit in Butter gedämpften Zwiebelringen belegt wird. Darauf Spinat, der mit hart gekochten Eierscheiben belegt wird, die mit Sardellenpaste garniert sind. Darauf wieder Kartoffelbrei mit Zwiebelringen schichten. Kleine Butterflöckchen obendrauf geben, geriebenen Käse und Semmelbrösel darüberstreuen. Das Ganze etwa 15 Minuten bei 200° im vorgeheizten Backofen backen.

Spinat-Tomaten-Auflauf

1 TL Öl
2 mittelgroße Tomaten
Salz
Thymian
150 g tiefgekühlter Spinat

1 Ei
Salz
Zwiebelpulver
100 g Rinderhackfleisch
1 EL Paniermehl

Eine feuerfeste Form mit dem Öl ausstreichen. Tomaten waschen, in Scheiben schneiden und in die Form legen. Mit Salz und Thymian würzen. Den Spinat auftauen und mit Eigelb, Salz, Zwiebelpulver, dem Rinderhackfleisch und Paniermehl vermischen. Eiweiß zu steifem Schnee schlagen und vorsichtig unter die ganze Masse heben. Über die Tomaten geben. Im vorgeheizten Backofen bei 180° etwa 30 Minuten überbacken.

Sauerkrautauflauf mit Reis

750 g Sauerkraut
1 Lorbeerblatt
2 Wacholderbeeren
Zucker
$\frac{1}{8}$ l Weißwein
3 Debreziner Würstchen
300 g gemischtes Hack-
fleisch

Salz
Pfeffer
Paprikapulver
2 EL Tomatenmark
125 g Langkornreis
$\frac{1}{4}$ l Fleischbrühe
$\frac{1}{2}$ EL Butter
200 g saure Sahne

Sauerkraut mit Lorbeer, Wacholderbeeren, 1 Prise Zucker und Weißwein weich dünsten. Dabei nach Bedarf noch etwas Wasser zugeben. Würstchen in dünne Scheiben schneiden und in einer Pfanne ausbraten. Hackfleisch zugeben und mitbraten, bis es sich grau färbt. Mit Salz, Pfeffer, Paprika und Tomatenmark abschmecken, etwas Wasser angießen und alles zu einer dicken Sauce einkochen lassen. Reis in Fleischbrühe zum Kochen bringen und in etwa 20 Minuten bei milder Hitze ausquellen lassen. Eine Auflaufform buttern und lagenweise mit Sauerkraut, Reis und Fleischsauce füllen. Letzte Schicht sollte Sauerkraut sein. Sahne etwas verquirlen und über den Auflauf gießen. Im vorgeheizten Ofen bei 200° etwa 45 Minuten backen. Vor dem Servieren mit Paprikapulver bestäuben.

Apfel-Sellerie-Gratin (Rezept S. 62) ▶

Weißkrautgratin

1 kg Weißkraut
Salz
Kümmel
1 Lorbeerblatt
150 g durchwachsener
Speck im Stück

3 Zwiebeln
1 Knoblauchzehe
1 Bund Petersilie
1 Bund Kerbel
½ EL Butter
2 EL Semmelbrösel

Das Weißkraut putzen, waschen, fein schneiden und in kochendes Salzwasser geben. Mit Kümmel und Lorbeer 10 Minuten blanchieren. Beiseitestellen und abtropfen lassen. Vom Speck 10 dünne Scheiben abschneiden, den Rest fein hacken und in einer Pfanne auslassen. Zwiebeln und Knoblauch schälen, hacken und im Speckfett glasig anbraten. Petersilie und Kerbel waschen und klein hacken. Erst eine Schicht Speck-Zwiebel-Mischung in eine gebutterte Auflaufform geben, dann den Kohl einfüllen und darauf die restliche Speck-Zwiebel-Mischung verteilen. Den restlichen Kohl darübergeben. Das Ganze mit Semmelbröseln bestreuen. Mit den Speckscheiben belegen und im vorgeheizten Backofen bei 220° 45 bis 50 Minuten überbacken.

◀ Einfacher Fenchelgratin (Rezept S. 67)

Fenchelauflauf mit Hackfleisch

6 Knollen Fenchel   etwa ½ l Fenchelbrühe
Salz   ⅛ l süße Sahne
40 g Butter   2 EL Tomatenmark
Zitronensaft   40 g geriebener Käse
200 g Rinderhackfleisch   Muskat
30 g Mehl

Fenchelknollen halbieren oder vierteln und in Salzwasser etwa 15–20 Minuten kochen. Das Gemüse abgetropft in eine Auflaufform legen, die vorher gut gefettet wurde, und das Rinderhackfleisch darüber verteilen. Restliche Butter erhitzen, Mehl darin anschwitzen und mit der Fenchelbrühe ablöschen. Dann Sahne, Tomatenmark und Käse dazugeben, mit Salz und Muskat abschmecken und das Ganze über das Gemüse gießen. Den Auflauf bei 180° im vorgeheizten Backofen 20–30 Minuten backen.

Fenchelgratin mit Schinken

1 kg Fenchel
4 EL Zitronensaft
Salz
80 g Butter oder
Margarine
30 g Mehl

¼ l Fleischbrühe
¼ l süße Sahne
½ Bund Petersilie
150 g Emmentaler im Stück
350 g Kochschinken

Den geputzten und gewaschenen Fenchel längs halbieren. Das Fenchelgrün auf die Seite legen. Die Fenchelhälften der Länge nach in 3 Stücke schneiden, mit Zitronensaft beträufeln und salzen. Den so zubereiteten Fenchel in geschmolzener Butter bei milder Hitze 20 Minuten zugedeckt dünsten. Das Mehl in 40 g Butter anschwitzen, mit Brühe und Sahne auffüllen und gut durchrühren. Die so entstandene Sauce aufkochen und bei milder Hitze 15 Minuten kochen lassen. Gewaschene Petersilie und Fenchelgrün sehr fein hacken und in die Sauce geben. Den Käse grob reiben, den Schinken in feine Streifen schneiden. Eine Auflaufform gut buttern, den Schinken hineinlegen, die Fenchelstücke darauflegen. Den Fenchelsaft in die Sauce rühren und alles über den Fenchel gießen. Die Oberfläche mit dem geriebenen Käse bestreuen. Den Auflauf im vorgeheizten Ofen bei 200° etwa 25 Minuten überbacken.

Lauchauflauf mit Schinken

1 kg Kartoffeln
250 g Tomaten
250 g Kochschinken
6 Stangen Lauch
Salz
½ EL Butter

3 Eier
⅜ l Milch
Salz
Pfeffer
2 EL geriebener Käse

Die Kartoffeln schälen und ebenso wie die gewaschenen Tomaten und den Schinken in dünne Scheiben schneiden. Lauch von Wurzeln und Blättern befreien, waschen und in kleine Stücke schneiden. All dies zusammen mit etwas Salz in eine gut gefettete Auflaufform füllen. Die Eier mit Milch verquirlen, Salz, Pfeffer und Käse dazugeben und über die Zutaten verteilen. Im vorgeheizten Ofen bei 180° etwa 40 Minuten backen.

Blumenkohl-Broccoli-Gratin

1 Blumenkohl	60 g Butter
500 g Broccoli	100 g Kochschinken
Salz	$\frac{1}{4}$ l süße Sahne
500 g Tomaten	1 TL Speisestärke
1 Zwiebel	100 g geriebener Käse

Blumenkohl und Broccoli in Röschen zerteilen, waschen und getrennt in Salzwasser blanchieren. Danach abschrecken und abtropfen lassen. Tomaten mit kochendem Wasser überbrühen, häuten und vierteln. Die geschälte, gehackte Zwiebel in 30 g Butter glasig braten und den klein gewürfelten Schinken dazugeben. Die Sahne mit Speisestärke verrühren und zugießen. Das Ganze aufkochen lassen. Eine feuerfeste Form gut buttern und den Blumenkohl, Broccoli und die Tomaten hineingeben. Mit der Sauce übergießen und mit dem geriebenen Käse bestreuen. Mit der restlichen Butter in Flöckchen im vorgeheizten Ofen bei 220° etwa 20 Minuten überbacken.

Blumenkohlauflauf
mit Champignons

1 mittelgroßer Blumen-   3 EL Butter
kohl   Pfeffer
Salz $\frac{1}{8}$ l süße Sahne
200 g Kochschinken   2 Eier
300 g Champignons   80 g geriebener Käse

Den Blumenkohl in Salzwasser etwa 20 Minuten nicht zu
weich kochen. Schinken klein würfeln, Champignons putzen und blättrig schneiden. Die Pilze in einer Pfanne in
etwas Butter anbraten und mit Salz und Pfeffer würzen.
Den gekochten Blumenkohl in Röschen aufteilen. Eine
Auflaufform gut buttern. Die Blumenkohlröschen abwechselnd mit den Schinkenwürfeln und den Champignons einschichten. Die letzte Lage sollte aus Blumenkohlröschen bestehen. Über das Ganze die mit Sahne verquirl-
ten Eier geben und leicht salzen. Zum Schluß geriebenen
Käse darüberstreuen. Den Auflauf im vorgeheizten Ofen
etwa 40 Minuten bei 200° überbacken.

Erbsenauflauf

2 Zwiebeln
1 EL Öl
600 g tiefgekühlte Erbsen
1 EL gehacktes Basilikum
3 EL Crème fraîche

250 g gewürfelter Koch-
schinken
4 Portionen Kartoffelpüree
100 g mittelalter Gouda
50 g Butter

Die Zwiebeln schälen und würfeln und im Öl glasig braten. Die Erbsen zugeben, etwa ⅛ l Wasser zugießen und
das Ganze mit Basilikum würzen. Im geschlossenen Topf
5 Minuten erhitzen. Flüssigkeit abgießen und mit etwa ⅓
der Erbsen pürieren. Mit Crème fraîche verrühren und auf
den Boden einer Gratinform streichen. Die restlichen Erbsen und den gewürfelten Schinken darauf verteilen. Kartoffelpüree zubereiten und glatt über Erbsen und Schinken streichen. Den Käse fein raspeln und über das Püree
streuen. Mit Butterflöckchen garnieren und im vorgeheizten Ofen etwa 30 Minuten bei 225° überbacken.

Chicoréegratin

8 Stangen Chicorée
Salz
1 EL Zitronensaft
½ EL Butter
200 g durchwachsener
Speck

2 Zwiebeln
1 Bund Petersilie
2 EL Semmelbrösel
100 g geriebener Käse

Chicorée putzen, waschen und in Salzwasser mit Zitronen-saft weich kochen. Abtropfen lassen und in eine gebutter-te Auflaufform legen. Speck von Schwarte und Knorpeln befreien, würfeln und in einer Pfanne ausbraten. Geschäl-te und gehackte Zwiebeln zugeben und glasig braten. Diese Mischung über den Chicorée verteilen. Petersilie waschen, fein hacken und darüberstreuen. Semmelbrösel mit Käse mischen und den Chicorée damit bedecken. Den Gratin im vorgeheizten Ofen bei 200° etwa 20 Minuten überbacken.

Spargelauflauf
(Foto S. 33)

750 g Spargel	30 g Mehl
Salz	¼ l süße Sahne
Zucker	Pfeffer
250 g Kochschinken	Muskat
1 EL Butter oder	2 Eigelb
Margarine	50 g Butter
40 g Butter	200 g geriebener Käse

Den Spargel sorgfältig schälen und in kochendem Salzwasser mit einer Prise Zucker 25 bis 30 Minuten weich kochen. Spargel abtropfen lassen. Die Spargelbrühe aufheben. Den gekochten Schinken in Würfel schneiden. Spargel und Schinken abwechselnd in eine gut gefettete Auflaufform geben. Für die Sauce Butter zerlassen und das Mehl kurz darin anschwitzen. Mit etwa ¼ l Spargelbrühe aufgießen und einmal kurz aufkochen lassen. Das Ganze vom Herd nehmen und die Sahne dazugeben. Mit Salz, Pfeffer und Muskat würzen, dann das Eigelb dazugeben. Diese Sauce über den Auflauf gießen. Dann noch Butterflöckchen draufgeben und den geriebenen Käse darüber verteilen. Das Ganze im vorgeheizten Backofen bei 200° 20 Minuten überbacken.

Grünkohlgratin

500 g gegarte Kartoffeln   Muskat
1 kg Grünkohl   Zimt
300 g Zwiebeln   150 g Kochsalami
5 EL Butterschmalz   2 EL Semmelbrösel
Pfeffer   ½ EL Butter
Salz

Die Kartoffeln schälen und in dünne Scheiben schneiden. Den Grünkohl gründlich waschen und grob zerkleinern. 1 Zwiebel schälen und hacken, dann in 3 Eßlöffel Schmalz andünsten. Grünkohl tropfnaß zugeben, mit Pfeffer, Salz, Muskat und Zimt würzen und etwa 25 Minuten schmoren lassen. Die Kochsalami in Scheiben schneiden und dazugeben. Die übrigen Zwiebeln schälen, in Ringe schneiden und in dem restlichen Schmalz glasig werden lassen. Semmelbrösel zugeben, salzen. Eine flache Auflaufform etwas buttern und dann zuerst die Kartoffeln, danach den Grünkohl und dann die Zwiebeln einfüllen. Alles im vorgeheizten Ofen bei 225° 30 Minuten überbacken.

Gemüsegratin Côte d'Azur

4 mittelgroße Zucchini
Salz
2 grüne Paprikaschoten
4 Tomaten
½ Bund Basilikum
4 EL Olivenöl

1 Knoblauchzehe
4 Anchovisfilets
½ EL Butter
Salz
150 g geriebener Parmesan

Die Zucchini waschen, der Länge nach halbieren und in kochendem Salzwasser 2 Minuten blanchieren. Danach gut abtropfen lassen. Die Paprikaschoten kurz unter den Grill legen, bis die Haut Blasen wirft. Die Schoten kurz mit einem feuchten Tuch bedecken und dann die Haut sorgfältig abziehen. Die Schoten halbieren und in Streifen schneiden. Die mit kochendem Wasser überbrühten Tomaten häuten und klein schneiden. Basilikumblätter waschen und sorgfältig zerkleinern. Öl in einem Topf erhitzen. Die Tomaten und Basilikum darin anbraten. Die geschälte und durchgedrückte Knoblauchzehe dazugeben und alles 15 Minuten kochen lassen. Die Anchovisfilets halbieren. Eine möglichst rechteckige, feuerfeste Form gut buttern. Die Zucchinihälften mit der Schnittfläche nach oben in die Form legen und etwas salzen. Paprika und Tomaten darüber verteilen. Den geriebenen Parmesan darüberstreuen. Die Anchovisfilets drauflegen. Über den Auflauf zum Schluß noch etwas Öl geben. Im vorgeheizten Ofen bei 220° 15 Minuten überbacken.

Zwiebelauflauf

1,5 kg Zwiebeln
4 EL Öl
Salz
Pfeffer
6 Eier

⅛ l saure Sahne
175 g geriebener Käse
1 EL edelsüßes Paprika-
pulver

Die Zwiebeln schälen, in dünne Scheiben schneiden und in einer Pfanne in Öl glasig anbraten. Mit Salz und Pfeffer würzen. Das Ganze in eine feuerfeste Form füllen. Eier mit saurer Sahne verquirlen, geriebenen Käse unterrühren und mit süßem Paprikapulver, Salz und Pfeffer würzen. Diese Mischung gleichmäßig über die Zwiebeln verteilen. Den Auflauf 30 Minuten bei etwa 220° im vorgeheizten Ofen goldgelb überbacken.

Sellerieauflauf

450 g Knollensellerie   3 Eier
Salz   Pfeffer
500 g Karotten   Muskat
1 Bund Petersilie   ½ EL Butter
⅛ l Crème fraîche   50 g geriebener Käse

Die Sellerieknolle gut säubern und in Salzwasser etwa 30 Minuten kochen. Karotten schälen, halbieren oder vierteln und in etwas Wasser in 10 Minuten nicht zu weich kochen. Die Sellerieknolle abtropfen lassen, schälen und grob hacken, wenn möglich im Mixer pürieren. Gewaschene Petersilie fein hacken, mit dem pürierten Sellerie und Crème fraîche mischen. Eigelb unter das Ganze ziehen und mit Salz, Pfeffer und Muskat abschmecken. Eiweiß steif schlagen und unter das Püree ziehen. Zum Schluß die halb gar gekochten Karotten zufügen. Eine feuerfeste Form gut buttern. Die Masse einfüllen, mit dem Käse bestreuen und bei etwa 200° etwa 30 Minuten im vorgeheizten Ofen überbacken.

Apfel-Sellerie-Gratin
(Foto S. 48)

350 g Knollensellerie
Salz
350 g Staudensellerie
400 g Äpfel
1 EL Zitronensaft

150 g mittelalter Gouda
2 Eier
⅛ l süße Sahne
Salz
Pfeffer

Knollensellerie schälen und in Scheiben schneiden. Diese noch einmal halbieren und 10 Minuten in Salzwasser kochen, abgießen und abtropfen lassen. Staudensellerie putzen, waschen und klein schneiden. Äpfel ohne Kerngehäuse in feine Scheiben schneiden und in kaltes Wasser mit Zitronensaft legen. Den Käse grob reiben. Die Hälfte des Käses in eine Gratinform geben und das Gemüse und die abgetropften Äpfel darin verteilen, den restlichen Käse darüberstreuen. Eier mit Sahne verrühren, salzen und pfeffern und über den Gratin gießen. Etwa 30 Minuten im vorgeheizten Backofen bei 225° überbacken.

Rosenkohl
mit Käse überbacken

1 kg Rosenkohl
Salz
50 g Butter oder
Margarine

2 Scheiben Toastbrot
200 g geriebener Käse

Den Rosenkohl putzen, waschen und in kochendem Salzwasser 7 bis 9 Minuten vorgaren. Dann abgießen und ausdampfen lassen. Fett zerlassen. Eine Auflaufform mit etwas Fett auspinseln und den Rosenkohl hineingeben. Die Toastbrotscheiben klein zerbröseln und mit dem Käse vermischen. Das Ganze über den Rosenkohl streuen. Das restliche flüssige Fett darüber verteilen. Den Auflauf im vorgeheizten Backofen bei 225° 15 bis 20 Minuten überbacken.

Zucchinigratin

1 Knoblauchzehe
150 g Zwiebeln
4 EL Oliven
1 TL getrockneter Salbei
1 TL Rosmarin
1 kleine Dose geschälte
Tomaten
Salz

schwarzer Pfeffer
1 kg Zucchini
50 g Fett
2 EL Paniermehl
300 g Mozzarella
30 g frisch geriebener
Parmesan

Knoblauch schälen und auspressen. Geschälte Zwiebeln
fein hacken. Olivenöl in einer Pfanne erhitzen und darin
die Zwiebeln und Knoblauch andünsten. Salbei und Rosmarin dazugeben. Dann die Tomaten mit der Hälfte des
Saftes, Salz und Pfeffer zugeben und alles 45 Minuten dick
einkochen. Die gewaschenen Zucchini in kochendem Salzwasser etwa 10 Minuten vorgaren. Zum Abtropfen auf
ein Sieb geben und danach in 1 cm dicke Scheiben
schneiden. Auf Küchenkrepp zum Trocknen legen. Eine
gut gefettete Gratinform mit Paniermehl bestreuen. Die
Zucchinischeiben dachziegelartig hineinlegen und mit
den eingedickten Tomaten bedecken. Den Mozzarella in
Scheiben schneiden und darauf verteilen. Über das Ganze
Parmesan streuen und das restliche Fett in Flöckchen darauf verteilen. Etwa 30 bis 35 Minuten im vorgeheizten
Backofen bei 225° garen, bis der Käse goldbraun ist.

Spinatauflauf

4 Eiweiß
50 g Butter oder
Margarine
4 Eigelb
250 g Magerquark
⅛ l süße Sahne

450 g Spinat (tiefgekühlt)
4 EL Hefeflocken (gibt es
im Reformhaus)
½ EL Butter
100 g geriebener Käse

Eiweiß steif schlagen. Fett und Eigelb schaumig rühren, Quark und Sahne zufügen. Spinat mit Hefeflocken zugeben, zuletzt Eischnee unterheben. Die Masse in eine gefettete Form geben und geriebenen Käse darüberstreuen. Auflauf bei 200° im vorgeheizten Ofen etwa 30 bis 40 Minuten überbacken.

Fenchelgratin
mit Mozzarella und Tomaten

1 Zwiebel	Zucker
½ Bund Suppengrün	Salz
1 Knoblauchzehe	1 Lorbeerblatt
3 EL Olivenöl	1 kg Fenchel
1 kleine Dose Tomaten	250 g Mozzarella
½ TL scharfes Paprikapulver	Pfeffer

Die Zwiebel schälen und fein würfeln. Suppengrün putzen und ebenfalls fein würfeln. Knoblauch schälen und durch die Presse drücken. Öl in einer großen Pfanne erhitzen. Zwiebel, Suppengrün und Knoblauch 5 Minuten darin glasig braten. Die Tomaten aus der Dose etwas zerhacken und mit dem Saft in die Pfanne geben. Das Ganze mit Paprika, Zucker, Salz und zerriebenem Lorbeer würzen. Diese Tomatensauce bei mittlerer Hitze etwa 20 Minuten dicklich einkochen lassen. In der Zwischenzeit den Fenchel waschen, das Fenchelgrün hacken und auf die Seite legen. Die Fenchelknollen der Länge nach vierteln. Den Fenchel in kochendem Wasser 3 Minuten vorgaren und abgetropft in die Tomatensauce geben. Das Ganze darin 20 Minuten dünsten und nach einigen Minuten wenden. Dann die Sauce mit dem Fenchel in eine große Auflaufform geben. Den Mozzarella in Scheiben schneiden und auf jedes Fenchelviertel eine Scheibe legen, etwas pfeffern und mit Olivenöl beträufeln. Den Gratin im vorgeheizten Ofen bei 200° 8 bis 10 Minuten überbacken.

Einfacher Fenchelgratin
(Foto S. 49)

1 kg Fenchel
Salz
30 g Butter oder
Margarine
⅛ l süße Sahne

Pfeffer
Muskat
100 g Emmentaler im
Stück
1 EL Semmelbrösel

Fenchel putzen, waschen und halbieren. In kochendem
Salzwasser etwa 15 Minuten vorgaren. Dann abtropfen lassen, in Scheiben teilen und in eine gefettete Auflaufform
geben. Sahne mit Salz, Pfeffer und Muskat verquirlen und
darübergießen. Emmentaler in dünne Scheiben schneiden
und auf dem Fenchel verteilen. Mit Semmelbröseln bestreuen und mit dem restlichen Fett in Flöckchen belegen.
Im vorgeheizten Ofen bei 225° 15 bis 20 Minuten gratinieren.

Gratinierte Broccoli

1 kg Broccoli
Salz
Pfeffer
Muskat

10 g Butter oder
Margarine
¼ l Gemüsebrühe
2–3 Ecken Schmelzkäse
50 g Mandelstifte

Broccoli putzen und die Stengel schälen. Broccoli gründlich waschen und in kochendem Salzwasser etwa 15 Minuten garen. Herausnehmen, abtropfen lassen und mit Pfeffer und Muskat leicht würzen. Die Broccoli in eine gut
gefettete, flache Auflaufform geben, mit der Brühe begie-
ßen und mit dem in Scheiben geschnittenen Schmelzkäse
belegen. Unter dem Grill oder im vorgeheizten Backofen
bei 225° etwa 10 Minuten gratinieren. Die Mandeln in einer
trockenen Pfanne anrösten, bis sie goldgelb geworden
sind und dann über die Broccoli streuen.

Mangoldgratin

1 kg Mangold
Salz
30 g Butter oder
Margarine
40 g Mehl
1 Zwiebel
1 Knoblauchzehe

¼ l Gemüsebrühe
⅛ l süße Sahne
5 EL geriebener Käse
2 Eier
Pfeffer
½ EL Butter

Mangold waschen, in kleine Stücke schneiden und in Salzwasser 5 Minuten blanchieren, dann abtropfen lassen. Fett zerlassen, Mehl darin anrösten. Geschälte und fein gehackte Zwiebel und Knoblauch zugeben und glasig braten. Gemüsebrühe zugießen und einmal aufkochen lassen. Sahne, Käse und Eigelb in die etwas abgekühlte Sauce mischen. Mit Salz und Pfeffer würzen, steif geschlagenes Eiweiß untermischen. Mangold in gebutterte Auflaufform geben, mit Käsesauce bedecken und im vorgeheizten Ofen bei 180° etwa 30 Minuten überbacken.

Französischer Gemüsegratin

2 Auberginen
3 Zucchini
2 Paprikaschoten
2 Fleischtomaten
2 Zwiebeln
Salz

Pfeffer
$\frac{1}{8}$ l Olivenöl
50 g Semmelbrösel
3 Knoblauchzehen
$\frac{1}{2}$ Bund Petersilie

Das gewaschene Gemüse und die geschälten Zwiebeln in Scheiben schneiden, salzen, pfeffern und in Olivenöl gut anbraten. Dann das Gemüse in eine gut geölte Auflaufform schichten und mit einer Mischung aus Semmelbröseln, durchgepreßten Knoblauchzehen und fein gehackter Petersilie bedecken. Zum Schluß mit dem restlichen Olivenöl beträufeln. Im vorgeheizten Ofen etwa 30 Minuten bei 220° überbacken.

Zucchini-Pilz-Gratin

2 große Zucchini   ½ EL Butter
1 Zwiebel   Salz
1 Knoblauchzehe   Pfeffer
400 g gemischte Pilze oder   ¼ l süße Sahne
Champignons   200 g Mozzarella
einige Blätter Salbei

Zucchini waschen, abtrocknen und in etwa ½ cm dicke
Scheiben schneiden. Zwiebel und Knoblauch schälen und
fein hacken. Pilze putzen, gegebenenfalls waschen, und
blättrig schneiden. Salbei waschen und in Streifen schneiden. Eine Auflaufform mit der Butter ausstreichen und lagenweise mit den Zucchinischeiben und den Pilzen füllen.
Dabei jede Schicht mit etwas Zwiebel, Knoblauch und Salbei bestreuen und mit Salz und Pfeffer würzen. Die letzte
Schicht sollten Pilze sein. Die Sahne seitlich angießen.
Mozzarella abtropfen lassen, in kleine Würfel schneiden
und über den Pilzen verteilen. Den Gratin im vorgeheizten Ofen bei 200° etwa 30 Minuten überbacken.

Gratinierter Kürbis

1 kg Kürbis
Salz
1 große Zwiebel
2 EL Butter
3 Eier

125 g geriebener Parmesan
125 g geriebener
Emmentaler
weißer Pfeffer

Kürbis schälen und in Würfel schneiden. In kochendem Salzwasser einige Minuten blanchieren, dann abtropfen lassen. Zwiebel schälen, fein hacken und in etwas Butter glasig braten. Eine feuerfeste Form mit der restlichen Butter einfetten. Kürbiswürfel und Zwiebel einfüllen. Eier gut verquirlen, mit dem Käse vermischen und mit Salz und reichlich Pfeffer würzen. Mischung über den Kürbis gießen und alles im vorgeheizten Ofen bei 200° etwa 20 Minuten überbacken, bis die Oberfläche leicht gebräunt ist.

Aufläufe und Gratins mit Kartoffeln & Co.

KARTOFFELGERICHTE

Kartoffel-Käse-Auflauf

5 mittelgroße Kartoffeln
4 EL Butter
2 Eier
200 g Frischkäse
3–4 EL beliebige gehackte
Kräuter

1 Knoblauchzehe
Salz
Pfeffer
½ EL Butter

Kartoffeln waschen und in der Schale weich kochen. Dann etwas auskühlen lassen, schälen und durch die Presse drücken. Mit Butter, Eigelb, Frischkäse, Kräutern und geschälter und durchgepreßter Knoblauchzehe mischen. Mit Salz und Pfeffer würzen. Eiweiß steif schlagen und unterheben. Masse in eine gebutterte Auflaufform füllen und im vorgeheizten Ofen bei 200° etwa 20 Minuten backen.

Kartoffel-Quark-Auflauf
(Foto S. 80)

2 Zwiebeln
1 Knoblauchzehe
100 g durchwachsener
Speck
250 g Magerquark
1 Bund Frühlingszwiebeln
800 g gegarte Pellkartoffeln

Salz
Pfeffer
40 g Butter oder
Margarine
2 EL Semmelbrösel
4 EL geriebener Käse

Zwiebeln und Knoblauch schälen und fein hacken. Speck
würfeln und in einer Pfanne ausbraten. Zwiebel und Knoblauch zugeben und glasig braten. Auskühlen lassen und
mit dem Quark verrühren. Frühlingszwiebeln putzen, waschen, klein schneiden und untermischen. Kartoffeln schälen und in Scheiben schneiden. Mit Salz und Pfeffer würzen und eine gefettete Auflaufform lagenweise damit und
mit der Quarkmasse füllen. Semmelbrösel mit Käse mischen und darüberstreuen. Mit dem restlichen Fett in
Flöckchen bedecken und im vorgeheizten Ofen bei 220°
etwa 40 Minuten backen.

Kartoffelauflauf mit Sauerkraut

750 g gegarte Pellkartoffeln
500 g gegartes Sauerkraut
½ EL Butter
Salz
Pfeffer

¼ l Fleischbrühe
200 g durchwachsener
Speck
100 g geriebener Käse

Kartoffeln schälen und in dünne Scheiben schneiden. Mit dem Sauerkraut lagenweise in eine gebutterte Auflaufform schichten, dabei die Kartoffelscheiben mit Salz und Pfeffer würzen. Die Fleischbrühe angießen. Speck würfeln und in einer Pfanne ausbraten. Mit dem Käse über den Auflauf verteilen. Im vorgeheizten Ofen bei 200° etwa 20 Minuten überbacken.

Kartoffel-Lauch-Auflauf
(Foto S. 81)

750 g Kartoffeln
2 Stangen Lauch
50 g durchwachsener
Speck
¼ l Milch
1 EL Kartoffelstärke

2 Eier
Salz
Pfeffer
½ EL Butter
2 geräucherte Mett-
würstchen

Kartoffeln schälen, auf der Rohkostreibe fein raffeln und auf einem Sieb abtropfen lassen. Lauch putzen, waschen und in hauchdünne Ringe schneiden. Speck würfeln und in einer Pfanne ausbraten. Fett abgießen. Milch zum Kochen bringen, Stärke einrühren und etwas abkühlen lassen. Kartoffeln mit Lauch und Speck mischen. Eier und Milch untermischen. Mit Salz und Pfeffer abschmecken und in eine gefettete Auflaufform füllen. Mit Würstchen in Scheiben belegen und im vorgeheizten Ofen bei 200° etwa 1 Stunde backen. Dabei eventuell nach einiger Zeit mit Alufolie abdecken.

Kartoffel-Tomaten-Gratin
(Titelfoto)

750 g Tomaten	Salz
1 kg Kartoffeln	Pfeffer
100 g Butter	1 Bund Basilikum
100 g geriebener Käse	⅛ l süße Sahne

Die Tomaten waschen und in Scheiben schneiden. Kartoffeln schälen und in dünne Scheiben schneiden. Eine feuerfeste Form etwas buttern. Tomaten und Kartoffeln abwechselnd hineinschichten und die Hälfte des geriebenen Käses darüberstreuen. 50 g flüssige Butter darübergießen, salzen und pfeffern. Dann wieder die nächste Schicht Kartoffeln und Tomaten auf die erste Schicht legen. Mit dem gewaschenen, gehackten Basilikum bestreuen. Den restlichen Käse und die restliche Butter obendrauf geben. Die Sahne über den ganzen Auflauf gießen. Den Auflauf im vorgeheizten Ofen bei 200° etwa 40 Minuten überbacken.

Kartoffel-Kohlrabi-Auflauf

500 g Kohlrabi
500 g Kartoffeln
Salz
2 Zwiebeln
250 g Frühstücksspeck
½ Bund Dill
½ Bund Petersilie
1 Bund Schnittlauch

½ EL Butter
Pfeffer
4 Eier
200 g Crème fraîche
⅛ l Milch
150 g geriebener Käse
Muskat

Das zarte Grün des Kohlrabi abschneiden und auf die Seite legen. Dann Kohlrabi schälen und mit dem Gurkenhobel in dünne Scheiben hobeln. Kartoffeln schälen und ebenfalls in dünne Scheiben hobeln. Kohlrabi und Kartoffeln jeweils in reichlich kochendem Salzwasser 3 bis 4 Minuten blanchieren. Dann abschrecken und abtropfen lassen. Zwiebeln fein hacken, Speck in kleine Streifen schneiden und in der Pfanne auslassen. Die Zwiebeln dazugeben und glasig anbraten. Das zarte Grün des Kohlrabi fein hacken. Die gewaschenen und ebenfalls fein gehackten Kräuter untermischen. Eine erste Schicht der Zwiebel-Speck-Mischung in eine gebutterte Auflaufform geben. Dann Kartoffeln und Kohlrabischeiben abwechselnd darüberschichten und jede Lage mit Salz, Pfeffer und den Kräutern bestreuen. Den Abschluß sollten die Kartoffelscheiben bilden. Eier, Crème fraîche, Milch und Käse verrühren und mit Muskat abschmecken. Das Ganze über die Auflaufmasse gießen und im vorgeheizten Ofen bei etwa 220° etwa 40 Minuten überbacken.

Kartoffel-Sellerie-Gratin

1 kg Knollensellerie
Salz
750 g Kartoffeln
50 g Butter

1 Bund Schnittlauch
125 g geriebener Käse
3 EL Semmelbrösel

Den geschälten und gewaschenen Sellerie in dicke Scheiben schneiden und 12 Minuten in kochendem Salzwasser
garen. Die Kartoffeln roh schälen, halbieren und ebenfalls
in Salzwasser 15 Minuten kochen. Den Sellerie pürieren
und mit etwas Butter mischen, die Kartoffeln verstampfen
und mit etwas Butter und Schnittlauchröllchen mischen.
Beide Massen werden dann übereinander in eine flache,
gebutterte Auflaufform gestrichen. Käse und Semmelbrösel miteinander mischen und über den Auflauf streuen.
Die restliche Butter in Flöckchen daraufsetzen. Im vorgeheizten Backofen bei 225° etwa 15 Minuten überbacken.

Kartoffel-Quark-Auflauf (Rezept S. 75) ▶

Kartoffelauflauf mit Champignons

750 g Champignons
2 Zwiebeln
30 g Butter oder
Margarine
Salz
Pfeffer

1 Bund Petersilie
1 kg Kartoffeln
125 g mittelalter Gouda
¼ l süße Sahne
3 Eier

Die Champignons putzen, kurz waschen und in Scheiben
schneiden. Die geschälten Zwiebeln fein würfeln und in
Fett glasig dünsten. Die Champignons zugeben und ebenfalls andünsten. Mit Salz und Pfeffer würzen und in der
Pfanne so lange schmoren, bis die Flüssigkeit wieder ver-
dampft ist. Die gewaschene Petersilie fein hacken und
unter die Pilze mischen. Alles auf die Seite stellen. Die
gewaschenen Kartoffeln schälen, in dünne Scheiben
schneiden und in kochendem Salzwasser 7 Minuten blanchieren. Die Hälfte der gut abgetropften Kartoffelscheiben
in eine gefettete Gratinform schichten. Darauf die Pilze
verteilen und die restlichen Kartoffelscheiben daraufschichten. Den grob geriebenen Käse mit Sahne und Eiern
verquirlen und über den Auflauf gießen. Im vorgeheizten Backofen bei 200° etwa 20 Minuten goldbraun überbacken.

◄ *Kartoffel-Lauch-Auflauf* (Rezept S. 77)

Überbackene Kartoffeln
mit Schafkäse

1 kg Kartoffeln	Salz
500 g grüne Paprika-	Pfeffer
schoten	200 g Schafkäse
2 Zwiebeln	250 g Tomaten
40 g Fett	¼ l süße Sahne
4 Knoblauchzehen	1 Bund Petersilie

Kartoffeln waschen und mit der Schale in etwa 20 Minuten
kochen. Abkühlen lassen, schälen und die Kartoffeln in
Scheiben schneiden. Paprikaschoten putzen, waschen und
in Streifen schneiden. Zwiebeln schälen und fein würfeln.
Beides in heißem Fett andünsten. Knoblauchzehen schälen und 2 davon über das Gemüse pressen. Mit Salz und
Pfeffer würzen. Alles bei kleiner Hitze etwa 15 Minuten im
offenen Topf andünsten, dann beiseite stellen. Zuerst eine
Schicht Kartoffelscheiben in eine gefettete Gratinform
geben, salzen und pfeffern. Dann das Gemüse darauf verteilen und die Hälfte des Käses darüberbröckeln. Alles
abwechselnd mit Kartoffelscheiben und den Tomatenscheiben abdecken. Zweite Hälfte Schafkäse darüber verteilen. Sahne mit den restlichen zerdrückten Knoblauchzehen, gehackter Petersilie, Salz und Pfeffer verrühren
und darübergießen. Anschließend im vorgeheizten
Backofen bei 200° etwa 40 Minuten backen.

Überbackener Kartoffelstock

3 Portionen Kartoffelpüree   1 Ei
(Fertigpackung)   Salz
1 Zwiebel   Muskat
40 g Butter oder   125 g geriebener Käse
Margarine   3 EL Semmelbrösel

Das Kartoffelpüree besonders dick zubereiten. Zwiebel
hacken und in wenig Butter oder Margarine andünsten.
Zusammen mit dem Ei unter das Kartoffelpüree heben,
mit Salz und Muskat würzen. Das Ganze in eine feuerfeste, eingefettete Auflaufform füllen, mit Käse und den
Semmelbröseln bestreuen und mit dem restlichen Fett in
Flöckchen belegen. Bei 220° im vorgeheizten Ofen 20 Minuten goldbraun überbacken.

Einfacher Kartoffelgratin

1 kg Kartoffeln   *1 Knoblauchzehe*
Salz   *2 Lorbeerblätter*
Pfeffer   *5 EL geriebener Käse*

Die rohen Kartoffeln schälen und in sehr feine Scheiben
schneiden. In eine ofenfeste Form schichten, dabei jede
Lage gut salzen und pfeffern. Die geschälte, fein gehackte
und anschließend mit Salz zerdrückte Knoblauchzehe auf
eine der Lagen verteilen. Links und rechts je ein Lorbeerblatt am Rand hineinstecken und etwa 1 Fingerbreit Wasser in die Form gießen. Mit Käse bestreuen und 90 Minuten bei 175° im Ofen garen. Eventuell mit Alufolie
abdecken, wenn die Oberfläche allzu braun werden
sollte.

Pommes dauphinois

1 kg Salatkartoffeln
Muskat
Salz
Pfeffer
2 Eier
¼ l süße Sahne

¼ l Milch
4 EL Butter
2 Knoblauchzehen
150 g geriebener Emmentaler

Die Kartoffeln schälen und in dünne Scheiben schneiden. Die Kartoffelscheiben mit Wasser etwas abspülen und mit Küchenkrepp trockentupfen. Dann in einer Schüssel mit Muskat, Salz und Pfeffer mischen. Eier mit Sahne und Milch verquirlen und etwas salzen. Eine große, flache Form buttern und kräftig mit halbierten Knoblauchzehen ausreiben. Die Kartoffelscheiben dachziegelartig in drei Schichten in die Form legen und über jede Schicht etwas Eiermilch und Reibkäse geben. Die letzte Kartoffelschicht mit Käse bestreuen und die restliche Eiermilch darübergießen. Zum Schluß Butter in Flöckchen daraufsetzen und den Gratin im vorgeheizten Ofen bei 200° 1 Stunde backen.

Kartoffel-Sardellen-Gratin

14–18 Sardellenfilets 1 kg Kartoffeln
3 Zwiebeln ¼ l süße Sahne
80 g Butter 2 EL Semmelbrösel
2 EL Öl

Die Sardellenfilets gründlich abspülen und mit Haushalts-
papier abtrocknen. Die in Ringe geschnittenen Zwiebeln
in wenig Butter und Öl glasig anbraten. Die Kartoffeln
schälen und in nicht zu dicke Scheiben schneiden. Eine
Auflaufform gut fetten, dann mit der ersten Lage Kartoffeln beginnen, darauf Zwiebeln und Sardellen geben.
Danach die nächste Lage Kartoffeln mit Zwiebeln darübergeben und zum Abschluß noch einmal Kartoffeln
darüberschichten. Die vorsichtig erhitzte Sahne über den
Auflauf gießen, Semmelbrösel darüberstreuen und mit
Butterflöckchen belegen. Bei etwa 200° eine Stunde im
vorgeheizten Ofen überbacken.

REISGERICHTE

Spinat-Reis-Auflauf

1 kg Blattspinat	Pfeffer
Salz	Muskat
6 Eier	300 g Reis
150 g roher Schinken	50 g geriebener Käse
4 EL Butter	edelsüßes Paprikapulver

Den Spinat verlesen, waschen und in kochendem Salzwasser in 2 Minuten zusammenfallen lassen. In ein Sieb geben und gut abtropfen lassen. Eier hart kochen, abkühlen lassen und fein hacken. Den Schinken in kleine Würfel schneiden. Den gut abgetropften Spinat fein hacken und mit der Hälfte der Butter und den klein gehackten Eiern mischen. Abschmecken mit Salz, Pfeffer und Muskat. Den Reis in kaltem Wasser aufsetzen, ein kleines Stückchen Butter und Salz dazugeben, einmal aufkochen lassen, dann bei milder Hitze 25 Minuten kochen lassen. Den Reis mit Schinkenwürfeln und geriebenem Käse vermengen. Eine Auflaufform gut fetten. Abwechselnd Reis und Spinat einschichten. Die letzte Lage sollte Spinat sein. Einige Butterflöckchen daraufsetzen. Die restlichen Eier in vier kleine Vertiefungen hineinschlagen und leicht mit süßem Paprika überpudern. Den Auflauf im vorgeheizten Ofen etwa 30 Minuten bei 200° überbacken.

Rosenkohlauflauf mit Reis

1 kg Rosenkohl	⅛ l Fleischbrühe
Salz	Pfeffer
30 g Butter	Muskat
2 Tassen Reis	50 g geriebener Parmesan
250 g Kochwurst	

Die Rosenkohlröschen putzen, waschen und in sehr
wenig Salzwasser und etwas Butter 20 Minuten dünsten.
Den Reis in 4 Tassen kochendes Salzwasser geben und 20
Minuten bei milder Hitze garen. Die Kochwurst in kleine
Würfel schneiden. Die Auflaufform gut buttern. Als erste
Schicht Rosenkohl hineingeben, dann Reis und obendrauf
die gewürfelte Kochwurst. Die letzte Lage sollte Rosenkohl sein. Das Ganze mit Fleischbrühe übergießen, mit
etwas Pfeffer und Muskat würzen und mit Parmesankäse
bestreuen. Zum Schluß noch einige Butterflöckchen
daraufsetzen. Im vorgeheizten Backofen etwa 40 Minuten
bei 220° überbacken.

Reisauflauf mit Mais

150 g Reis
Salz
1 Zwiebel
1 Knoblauchzehe
1 EL Öl
250 g gemischtes
Hackfleisch
Pfeffer

Paprikapulver
1 Dose Mais
2 EL beliebige gehackte
Kräuter
2 EL Butter oder
Margarine
200 g geriebener Käse

Reis in kochendem Salzwasser bei milder Hitze etwa 20 Minuten garen. Abtropfen lassen. Zwiebel und Knoblauch schälen, fein hacken und im Öl glasig braten. Hackfleisch zugeben und mitbraten, bis es sich grau färbt. Mit Pfeffer, Paprika und Salz abschmecken. Unter den Reis mischen. Mais abtropfen lassen, mit den Kräutern mischen und mit Pfeffer abschmecken. Eine Auflaufform einfetten. Reis und Mais abwechselnd einschichten, dabei jeweils mit etwas Käse bestreuen. Restlichen Käse und restliches Fett in Flöckchen auf dem Auflauf verteilen. Im vorgeheizten Ofen bei 200° etwa 30 Minuten backen, bis der Auflauf schön gebräunt ist.

Naturreisauflauf mit Tomaten

1 große Zwiebel
2 Knoblauchzehen
3 EL Butter oder
Margarine
250 g Naturreis
gut ½ l Gemüsebrühe
500 g Tomaten

1 Bund Basilikum
Salz
Pfeffer
Cayennepfeffer
3 Eier
50 g geriebener Parmesan

Zwiebel und Knoblauchzehen schälen und fein hacken. In etwas Butter glasig braten. Reis waschen, abtropfen lassen und zugeben. Kurz mitbraten, dann die Gemüsebrühe angießen. Reis in etwa 35 Minuten körnig weich ausquellen lassen. Inzwischen Tomaten waschen und in kleine Würfel schneiden. Dabei die Kerne entfernen. Basilikum waschen und fein hacken. Mit den Tomaten unter den gegarten, etwas abgekühlten Reis mischen. Mit Salz, Pfeffer und 1 Prise Cayennepfeffer pikant abschmecken. Eigelb und Käse untermischen. Eiweiß steif schlagen und unterheben. Eine Auflaufform mit Butter einfetten, Reismasse einfüllen und mit der restlichen Butter in Flöckchen belegen. Auflauf im vorgeheizten Ofen bei 200° etwa 30 Minuten backen.

Broccoliauflauf mit Nudeln

1 kg Bandnudeln	400 g geriebener Käse
Salz	500 g Quark
1 kg Broccoli	½ l süße Sahne
2 Zwiebeln	4 Eier
2 Karotten	Muskat
Pfeffer	2 EL Sojasauce
4 EL Öl	30 g Butter

Die Nudeln in Salzwasser kochen, abschrecken und abtropfen lassen. Broccoli putzen, in Röschen teilen und Stiele in Streifen schneiden. In Salzwasser kurz blanchieren, dann abschrecken. Die Zwiebeln und Karotten schälen, klein schneiden und in einer Pfanne kurz anbraten, salzen und pfeffern. Auf einem tiefen, gut gefetteten Blech nun eine Schicht Nudeln verteilen. Darauf Käse und Broccoli geben. Dann lagenweise Nudeln, Käse, Broccoli und die Karotten mit den Zwiebeln darauf verteilen. Als letzte Lage kommen noch einmal Nudeln. Quark, Sahne und Eier verrühren und gut mit Pfeffer, Muskat, Sojasauce und Salz würzen. Das Ganze über den Auflauf gießen und obendrauf noch Butterflöckchen geben. Im vorgeheizten Ofen bei etwa 180° 45 Minuten überbacken.

Nudelauflauf mit Speck
(Foto S. 96)

250 g grüne Nudeln
Salz
50 g durchwachsener
Speck
250 g Rinderhackfleisch
2 Knoblauchzehen
1 EL gehacktes Basilikum
½ TL Majoran
¼ l Milch

2 Eier
Salz
Muskat
2 EL Schnittlauchröllchen
5 Tomaten
30 g Butter
½ TL Oregano
Pfeffer
100 g geriebener Parmesan

Nudeln in reichlich sprudelnd kochendem Salzwasser bißfest garen, dann abschrecken und abtropfen lassen. Speck
würfeln und in einer Pfanne ausbraten. Hackfleisch zugeben und mitbraten, bis es sich grau färbt. Knoblauch schälen, durch die Presse drücken und mit Basilikum und
Majoran zum Fleisch geben. Milch mit Eiern, Salz, Muskat
und Schnittlauch verquirlen. Tomaten mit kochendem
Wasser überbrühen, häuten und in Scheiben schneiden.
Eine Auflaufform mit Butter ausfetten und die Hälfte der
Nudeln hineingeben. Hackfleisch und Tomatenscheiben
darüber verteilen. Mit Oregano, Salz und Pfeffer würzen
und mit den restlichen Nudeln bedecken. Eiermilch darübergießen und mit Käse bestreuen. Restliche Butter in
Flöckchen darauf verteilen und den Auflauf im vorgeheizten Ofen bei 180° etwa 45 Minuten backen.

Maccaronigratin

250 g Maccaroni   100 g Parmesankäse
Salz   2 EL Semmelbrösel
75 g Butter   Muskat
3 Eier   ½ EL Butter

Die Maccaroni in sprudelnd kochendem Salzwasser bißfest kochen. Die weiche Butter verrühren, die ganzen Eier
dazugeben und die gekochten Maccaroni unterrühren.
Parmesankäse und Semmelbrösel daruntermengen. Mit
Salz und Muskat abschmecken. Das Ganze in eine gut gefettete Form geben, noch einmal mit etwas Semmelbröseln bestreuen und etwa 30 Minuten im vorgeheizten
Backofen bei 180° backen.

Nudelauflauf mit Gorgonzola

200 g Nudeln	200 g Gorgonzola
Salz	300 g Erbsen aus der Dose
Öl	Pfeffer
150 g Champignons	1 EL Semmelbrösel
½ EL Butter	¼ l süße Sahne
300 g Kochschinken	3 Eier

Die Nudeln in kochendem Salzwasser mit einem Schuß Öl nicht zu weich kochen, abgießen und abtropfen lassen. Die Champignons putzen, in dünne Scheiben schneiden und in Butter kurz anbraten, bis sie beginnen, Flüssigkeit abzugeben. Den Schinken in dünne Streifen schneiden. Gorgonzola im heißen Wasserbad etwas flüssig werden lassen. Dann die Champignons, die abgetropften Erbsen und den Gorgonzola unter die Nudeln mischen. Alles mit Salz und Pfeffer abschmecken. Eine gut geölte Auflaufform mit Semmelbrösel bestreuen und die ganze Masse hineingeben. Die Sahne mit den Eiern verquirlen, etwas salzen und über den Auflauf gießen. Den Auflauf dann bei 220° im vorgeheizten Backofen 40 Minuten garen.

Nudelauflauf mit Erbsen

350 g Bandnudeln
Salz
1 Zwiebel
1 Knoblauchzehe
4 Tomaten
1 kg frische Erbsen
6 EL Öl
2 EL Tomatenmark

Pfeffer
1 Bund Petersilie
200 g Kochschinken
4 Eier
¼ l süße Sahne
4 EL geriebener Käse
Muskat

Nudeln in kochendem Salzwasser nicht zu weich kochen. Die geschälte Zwiebel klein hacken und den Knoblauch auspressen, Tomaten überbrühen und häuten. Das Fruchtfleisch der Tomaten klein würfeln. Erbsen enthülsen. Zwiebel in heißem Öl glasig dünsten, Knoblauch, Tomaten und Erbsen zufügen und mit dem Tomatenmark mischen, das Ganze salzen und pfeffern und ein paar Minuten kochen lassen. Petersilie waschen, klein hacken und die Hälfte davon unter das Gemüse mengen. Den Kochschinken in schmale Streifen schneiden. Die Nudeln abwechselnd mit dem Gemüse lagenweise in eine gut gefettete Auflaufform einschichten, abschließen mit Gemüse und Schinken. Eier, Sahne und Käse miteinander verquirlen und mit etwas Salz, Pfeffer, Muskat und restlicher Petersilie würzen. Diese Sauce über den Auflauf ziehen. Das Ganze im vorgeheizten Ofen etwa 25 Minuten bei 200° überbacken.

Nudelauflauf mit Zucchini

300 g Hörnchennudeln	1 EL Olivenöl
Salz	100 g Kochschinken
1 Zwiebel	Pfeffer
3 Zucchini	3 Eier
4 Tomaten	$\frac{1}{8}$ l süße Sahne
einige Zweige frischer	$\frac{1}{2}$ EL Butter
Thymian	150 g Mozzarella

Nudeln in sprudelnd kochendem Salzwasser bißfest kochen, dann abgießen. Zwiebel schälen und fein hacken. Zucchini waschen und in Stifte schneiden. Tomaten waschen und würfeln, dabei die Kerne entfernen. Thymian waschen und die Blättchen von den Stielen streifen. Öl erhitzen und die Zwiebel darin glasig braten. Zucchini zugeben und braun braten. Von der Kochstelle nehmen. Schinken in schmale Streifen schneiden und mit den Zucchini, Tomaten und Thymian unter die abgetropften Nudeln mischen. Mit Salz und Pfeffer abschmecken. Eigelb mit Sahne verquirlen und untermischen. Eiweiß steif schlagen und unterheben. Masse in eine gebutterte Auflaufform füllen. Mozzarella abtropfen lassen, klein würfeln und auf dem Auflauf verteilen. Im vorgeheizten Ofen bei 200° etwa 35 Minuten backen, bis der Auflauf schön gebräunt ist.

Nudelauflauf mit Speck (Rezept S. 92) ▶

Ungarischer Linsenauflauf

300 g Linsen
1 Zwiebel
2 EL Öl
3 große Tomaten
⅛ l Weißwein
2 EL Tomatenmark
Essig
Salz
Pfeffer
Cayennepfeffer

gemahlener Ingwer
200 g Bandnudeln
1 EL Butter
80 g geriebener Käse
4–5 EL süße Sahne
2 EL Semmelbrösel
2 zerdrückte Knoblauch-
zehen
beliebige gehackte Kräuter

Linsen über Nacht einweichen und am nächsten Tag in
Wasser ohne Salz weich kochen. Zwiebel schälen und sehr
klein schneiden. In Öl andünsten und die Linsen und die
gewaschenen, zerkleinerten Tomaten dazugeben. Weißwein und Tomatenmark unterrühren und mit Essig und
den Gewürzen vorsichtig abschmecken. Die Nudeln nicht
zu weich kochen, kurz abschrecken und mit den Linsen
vermengen. Das alles in eine gut gefettete Auflaufform
füllen. Käse mit Sahne und Semmelbröseln mischen und
mit Knoblauch und den Kräutern würzen. Den Auflauf
damit bestreichen und im vorgeheizten Backofen etwa
20 Minuten bei 220° überbacken.

◀ Kiwi-Apfel-Gratin (Rezept S. 104)

Käseauflauf

125 g Mehl
¼ l Milch
60 g zerlassene Butter
oder Margarine
Salz

2 Eigelb
100 g geriebener Käse
2 Eiweiß
½ EL Butter oder
Margarine

Das Mehl mit kalter Milch anrühren und vorsichtig das zerlassene Fett dazugeben. Salz, Eigelb und Käse darunterrühren, zum Schluß steifen Eischnee darunterheben. Das Ganze in eine gut gefettete Form füllen und etwa 30 bis 40 Minuten im vorgeheizten Ofen bei 180° backen.

Quarkauflauf mit Kräutern

1 Bund Petersilie	4 Eier
1 Bund Schnittlauch	100 g geriebener Emmen-
1 Bund Basilikum	taler
einige Blätter Salbei,	Salz
Majoran und Zitronen-	Pfeffer
melisse	2 EL Butter
500 g Quark	2 EL Semmelbrösel

Kräuter waschen, trockentupfen und sehr fein hacken.
Quark mit den Eiern, dem Käse und den Kräutern verrühren. Mit Salz und Pfeffer pikant abschmecken. Eine Auflaufform mit Butter ausfetten. Die Masse einfüllen, glattstreichen und mit den Semmelbröseln und der restlichen
Butter in Flöckchen belegen. Im vorgeheizten Ofen bei
200° etwa 30 Minuten garen. Sollte der Auflauf zu schnell
bräunen, decken Sie ihn mit Alufolie ab.

Grünkernauflauf

250 g Grünkernschrot
1 l Fleischbrühe
4 Stangen Lauch
100 g Butter oder
Margarine
200 g Kochschinken

1 Bund Petersilie
3 Eier
200 g geriebener Käse
Salz
Pfeffer

Grünkernschrot mit Fleischbrühe zum Kochen bringen und bei milder Hitze in etwa 30 Minuten zugedeckt ausquellen lassen. Lauch putzen, waschen und in dünne Ringe schneiden. Dann in etwas Fett weich braten. Schinken fein würfeln und kurz mitbraten. Petersilie waschen und fein hacken. Lauch, Schinken, Eigelb und Petersilie unter den etwas ausgekühlten Grünkernschrot mischen. Eiweiß steif schlagen und mit der Hälfte des Käses unterheben. Vorsichtig (Käse und Schinken sind schon gesalzen) salzen und pfeffern. Auflaufform mit Fett ausstreichen, die Masse einfüllen und mit dem restlichen Käse und Fett in Flöckchen belegen. Im vorgeheizten Ofen bei 200° etwa 1 Stunde backen, dabei eventuell nach einiger Zeit mit Alufolie abdecken.

Polentagratin nach Balkanart

1 l Milch
1 TL Salz
200 g Butter

200 g Polenta (Maisgrieß)
100 g geriebener Käse

Milch mit Salz und 50 g Butter aufkochen lassen, die Polenta hineinrieseln lassen und sorgfältig bei heruntergedrehter Temperatur zu einem Brei rühren. (Vorsichtig! Polenta spritzt sehr stark!) Dann den geriebenen Käse einrühren, die ganze Masse in eine Auflaufform geben und etwa 10 Minuten bei 225° im vorgeheizten Backofen überbacken. Die restliche Butter zerlassen, etwas braun werden lassen und über die Polenta gießen.

Süße
Aufläufe
und
Gratins

Kiwi-Apfel-Gratin
(Foto S. 97)

4 Kiwis
500 g Apfelmus
4 EL Semmelbrösel
½ EL Butter

4 EL Johannisbeergelee
2 Eiweiß
2 EL Zucker

Kiwis schälen und in Scheiben schneiden. Das Apfelmus mit Semmelbröseln mischen. Die Hälfte des Apfelmuses in eine gut gefettete Auflaufform geben und mit Johannisbeergelee bestreichen. Darauf dann die Kiwischeiben legen und darauf wiederum Apfelmus mit dem Johannisbeergelee. Eiweiß mit Zucker sehr steif schlagen und vorsichtig darüberziehen. Im vorgeheizten Backofen bei 250° überbacken, bis der Eischnee oben leicht braun wird.

Quarkauflauf mit Pfirsichen

700 g vollreife Pfirsiche
1 EL Zitronensaft
50 g Butter
50 g Zucker
1 Päckchen Vanillinzucker
2 Eier
2 EL Speisestärke
1 TL Backpulver

1 TL abgeriebene
Zitronenschale
250 g Magerquark
30 g Butter
2 EL Semmelbrösel
2 EL Mandelsplitter
Zimtpulver

Pfirsiche mit kochend heißem Wasser überbrühen, häuten und in Schnitze teilen. Mit dem Zitronensaft beträufeln. Butter mit Zucker, Vanillinzucker und Eigelb verrühren. Speisestärke, Backpulver, Zitronenschale, Quark und Pfirsiche untermischen. Eiweiß steif schlagen und unterheben. Eine Auflaufform fetten und die Masse einfüllen. Mit Semmelbröseln, Mandeln, Zimt und restlicher Butter in Flöckchen belegen. Auflauf im vorgeheizten Backofen bei 200° etwa 50 Minuten backen, dabei eventuell nach einiger Zeit mit Alufolie abdecken, damit er nicht zu schnell bräunt.

Preiselbeerauflauf

50 g Butter
350 g Kulturpreiselbeeren
(gibt es von Oktober bis
Dezember)
40 g Zucker

50 g Walnüsse
1 Ei
75 g Zucker
50 g Mehl
Salz

Butter schmelzen lassen und die Auflaufform mit einem Teil davon pinseln. Die Kulturpreiselbeeren verlesen, waschen und abtropfen lassen, dann auf dem Boden der Form verteilen und mit Zucker bestreuen. Die Walnüsse grob hacken und ebenfalls darüberstreuen. Ei mit dem Zucker schaumig rühren, dann Mehl, Salz und die restliche geschmolzene Butter darunterrühren. Diesen Teig über die Beeren streichen. Den Auflauf in den vorgeheizten Backofen schieben und bei 200° etwa 20 Minuten backen.

Rhabarberauflauf

500 g Rhabarber   1 EL Semmelbrösel
(möglichst jung)   4 Eier
100 g Zucker   4 EL Grieß
½ EL Butter   ¼ l saure Sahne

Rhabarber waschen, putzen und in kleine Stücke schneiden. Diese Stücke in eine Schüssel geben, mit 50 g Zucker mischen und das Ganze 1 Stunde ziehen lassen. Nach einer Stunde den Rhabarber in eine gut gefettete Auflaufform geben, die vorher mit Semmelbröseln bestreut worden ist. Eigelb mit dem restlichen Zucker schaumig rühren. Grieß, saure Sahne und den Saft vom Rhabarber dazugeben. Eiweiß zu steifem Schnee schlagen und unter die Eigelbmischung heben. Diese Masse über den Rhabarber verteilen. Den Auflauf im vorgeheizten Ofen 30 Minuten bei 200° überbacken.

Zwetschgenauflauf

1 kg Zwetschgen
100 g Zucker
Saft von 1 Orange
80 g Butter
100 g Zucker
1 Päckchen Vanillinzucker
2 Eier
1 Prise Salz
300 g Magerquark

100 g Weizengrieß
1 Päckchen Vanille-
puddingpulver
2 TL Backpulver
3 EL Milch
Für die Streusel:
100 g Zucker
100 g Mehl
75 g Butter

Zwetschgen waschen, entsteinen und in Stücke schneiden. Bei niedriger Temperatur etwa 10 Minuten mit
Zucker und Orangensaft dünsten. Butter schaumig rühren, den Zucker und Vanillinzucker unterrühren. Eier, Salz
und Quark untermischen. Grieß mit Puddingpulver und
Backpulver mischen. Das Ganze unterrühren und die
Milch zufügen. Die Zwetschgen auf einem Sieb abtropfen
lassen, dann unter die Quarkmasse ziehen und in eine gut
gefettete Auflaufform geben. Aus Zucker, Mehl und Butter die Streusel kneten und über den Auflauf streuen. Etwa
60 bis 70 Minuten bei 175° im vorgeheizten Backofen
backen.

Aprikosengratin

1 kg frische, vollreife　　　　*125 g Zucker*
Aprikosen　　　　　　　　　　*8 Eiweiß*
½ EL Butter

Die gewaschenen, entsteinten Aprikosen mit wenig Wasser weich kochen, dann in einem Sieb abtropfen lassen.
Drei Viertel der Früchte in eine gefettete Auflaufform
legen, etwas überzuckern. Die übrigen Früchte durch ein
Sieb streichen und mit dem Zucker und 2 Eiweiß steif
schlagen. 6 Eiweiß zu einem sehr steifen Schnee schlagen,
diesen unter die Masse ziehen und das Ganze auf die
Früchte geben. Bei etwa 175° 1 Stunde im vorgeheizten
Ofen gratinieren.

Apfelmeringen

1 kg Äpfel
¼ l Wasser
80 g Zucker
¼ l l Wein
3 EL Kirschwasser
20 g Butter

50 g Rosinen
3 Eiweiß
90 g Zucker
20 g Mandeln
Puderzucker

Äpfel schälen, halbieren, vom Kerngehäuse befreien und in einem Sud aus Wasser, Zucker, Wein und Kirschwasser bei milder Hitze kochen, bis sie glasig aussehen (sie dürfen nicht zerfallen). Dann die Äpfel in eine gut gebutterte Auflaufform geben, mit Rosinen und Butterstückchen bestreuen. Dies alles 20 Minuten in den auf 175° vorgeheizten Backofen stellen. Während dieser Zeit einen sehr steifen Eischnee schlagen, Zucker untermengen und die Äpfel damit überziehen. Die Mandeln darüberstreuen, leicht mit Puderzucker besieben und noch einmal 5 Minuten überbacken.

Kirschenauflauf

750 g Kirschen
⅛ l Wasser
40 g Zucker
½ EL Butter
30 g Mandeln
1 EL Rosinen
⅛ l süße Sahne

60 g Butter
3 Eier
80 g Zucker
⅛ l süße Sahne
80 g Mehl
Zitronenschale

Die Kirschen waschen, entsteinen und je nach Belieben roh oder kurz in Wasser und Zucker vorgekocht in eine gefettete Auflaufform legen. Die Mandeln, Rosinen und die Sahne miteinander vermengen und über die Kirschen geben. Eine Schaummasse herstellen aus Butter, Eigelb, Zucker, Sahne und Mehl. Etwas Zitronenschale daranreiben und den sehr steif geschlagenen Eischnee darunterziehen. Diese Masse auf das Obst geben und den ganzen Auflauf im vorgeheizten Ofen anfangs bei 150°, später bei 200° etwa 1 Stunde überbacken.

Pfirsich-Heidelbeer-Auflauf

(Foto rechts)

500 g Pfirsiche	Salz
3 EL Zucker	Milch
1 EL Speisestärke	30 g zerlassene Butter
1 EL Zitronensaft	5–6 EL Zucker
½ EL Butter	3 EL Butter
250 g Heidelbeeren	6 EL Mehl
6 EL Mehl	Zimtpulver
1 TL Backpulver	

Pfirsiche waschen, entsteinen und in Scheiben schneiden. Mit etwas Zucker bestreuen. Stärke in einer Tasse mit kaltem Wasser anrühren und zusammen mit den Pfirsichen und Zitronensaft leicht kochen lassen, bis die Flüssigkeit dick wird. Die Pfirsiche dann in eine gefettete Auflaufform geben und die mit Zucker bestreuten Heidelbeeren darüberschichten. Mehl mit Zucker, Backpulver und 1 Prise Salz vermischen. Milch und zerlassene Butter beifügen. Alles zu einem Teig verrühren und über die Früchte gießen. Für die Streusel Zucker, Butter, Mehl und Zimt zu einer bröseligen Masse verarbeiten und diese über den Teig verteilen. Die Auflaufform bei 175° in den vorgeheizten Backofen schieben und etwa 30 Minuten backen.

Kirschenmichel

4 altbackene Semmeln
3 Eier
¼ l Milch
100 g Zucker
1 Päckchen Vanillinzucker

30 g Butter
750 g Kirschen
2–3 EL Mandelstifte
2 EL Puderzucker

Semmeln in dünne Scheiben schneiden und in eine Schüssel geben. Eier mit Milch, Zucker und Vanillinzucker verquirlen und darübergießen. Alles etwa 20 Minuten ziehen lassen, dabei mehrmals vorsichtig durchrühren. Auflaufform gut mit Butter einfetten. Kirschen waschen und entsteinen. Lagenweise mit dem Semmelgemisch in die Form schichten, dabei die Kirschen jeweils mit Mandelstiften bestreuen. Letzte Schicht sollte aus Semmelmischung bestehen. Auflauf mit Puderzucker bestreuen, mit der restlichen Butter in Flöckchen belegen und im vorgeheizten Ofen bei 180° etwa 1 Stunde backen. Dabei die letzten 20 Minuten mit Alufolie abdecken, damit der Auflauf nicht zu stark bräunt.

◀ *Großmutter's Apfelauflauf (Rezept S. 125)*

Aprikosenauflauf

250 g getrocknete
Aprikosen
1 EL Zitronensaft
3 Eier
125 g Butter oder
Margarine
125 g Zucker
500 g Magerquark

2 gehäufte EL Weizengrieß
einige Tropfen Bitter-
mandelaroma
etwas abgeriebene
Zitronenschale
Butter oder Margarine für
die Form
2–3 EL Semmelbrösel

Aprikosen in wenig Wasser und Zitronensaft etwa 15 Minuten bei milder Hitze garen, dann abtropfen und erkalten lassen. Eigelb mit Fett und Zucker schaumig rühren. Quark, Grieß, Bittermandelöl und Zitronenschale unterrühren. Eiweiß steif schlagen und vorsichtig unterheben. Auflaufform gut fetten. Boden mit der Hälfte der Aprikosen belegen, mit Quarkmasse bedecken, darüber die restlichen Aprikosen legen und mit der restlichen Quarkmasse bedecken. Oberfläche glattstreichen, den Auflauf mit Semmelbröseln bestreuen und mit der restlichen Butter oder Margarine in Flöckchen belegen. Auflauf im vorgeheizten Ofen bei 175° etwa 1 Stunde backen. Dabei eventuell während der letzten 20 Minuten mit Alufolie abdecken, damit er nicht zu stark bräunt.

Clafoutis

750 g Zwetschgen
50 g Mehl
Salz
1 Päckchen Vanillinzucker
100 g Zucker
3 Eier

$\frac{1}{8}$ l Milch
3 EL Zwetschgenwasser
$\frac{1}{2}$ EL Butter oder
Margarine
1 EL Semmelbrösel
80 g Puderzucker

Die Zwetschgen waschen und entsteinen. Mehl mit Salz, Vanillinzucker und Zucker gut vermischen. Eier in einer anderen Schüssel verquirlen und die Milch langsam dazugeben. Diese Eiermilch unter starkem Rühren langsam in die Mehlmischung gießen und so lange rühren, bis die Masse glatt ist. Das Zwetschgenwasser vorsichtig dazugeben. Eine feuerfeste Form gut fetten und mit Semmelbröseln ausstreuen. Die Zwetschgen in die Form geben und die Teigmasse gleichmäßig darüber verteilen. Puderzucker darübersieben. Den Auflauf 30 Minuten bei 200° im vorgeheizten Ofen überbacken.

Haferflockenauflauf

250 g kernige
Haferflocken
50 g Butter
2 EL gehackte Haselnüsse
750 g reife Aprikosen

3 Eier
¼ l süße Sahne
50 g Honig
1 Päckchen Vanillinzucker
Zimtpulver

Haferflocken in etwas Butter knusprig rösten. Nüsse zugeben und kurz mitbraten. Masse auskühlen lassen. Aprikosen waschen, entsteinen und in kleine Stücke schneiden. Eine gefettete Auflaufform mit der Hälfte der Haferflocken bestreuen, Aprikosen einfüllen und mit den restlichen Haferflocken bedecken. Eier mit Sahne, Honig, Vanillinzucker und etwas Zimt verquirlen und über die Haferflocken gießen. Auflauf mit der restlichen Butter in Flöckchen belegen und im vorgeheizten Backofen bei 200° etwa 50 Minuten backen. Dabei eventuell nach einiger Zeit mit Alufolie abdecken, damit er nicht zu stark bräunt.

Scheiterhaufen

1 unbehandelte Zitrone
½ l Milch
100 g Butter
5 altbackene Semmeln
2 Eier

100 g Zucker
500 g Äpfel
2 EL Rosinen
50 g Mandelstifte

Von der unbehandelten Zitrone die Schale hauchdünn abschälen und in die Milch geben. Die Milch mit 50 g Butter sehr stark erhitzen, abkühlen lassen und die Zitronenschale entfernen. Die Semmeln in Scheiben schneiden und in eine Schüssel schichten. Eier mit Zucker vermengen und nach und nach unter die Milch rühren. Die Eiermilch über die Semmeln gießen und das Ganze 15 Minuten ziehen lassen. Äpfel schälen und in Scheiben schneiden. Rosinen waschen und trocknen lassen. Eine feuerfeste Form gut buttern und die Hälfte der Semmeln einschichten. Die Äpfel darauf verteilen und mit den Mandelstiften und Rosinen bestreuen. Die zweite Hälfte der Semmeln dachziegelförmig darauflegen. Die restliche Butter in Flöckchen daraufsetzen. Den Scheiterhaufen im vorgeheizten Ofen bei 220° etwa 45 Minuten überbacken.

Schokoladen-Nuß-Auflauf

60 g Butter
3 Eier
Salz
100 g Zucker
¼ l Milch
1 Msp. Backpulver

60 g Grieß
150 g Schokolade
100 g gemahlene Hasel-
nüsse
Butter für die Form

Die Butter schaumig rühren und mit Eigelb, einer Prise
Salz und dem Zucker vermischen. Nach und nach Milch,
die Messerspitze Backpulver, Grieß, geriebene Schokolade und die Haselnüsse zufügen. Alles zu einer glatten
Masse verrühren. Eiweiß zu einem sehr steifen Schnee
schlagen und unter die Masse heben. Das Ganze in eine
gut gefettete Auflaufform füllen und im vorgeheizten
Ofen 45 Minuten bei 200° überbacken.

Reisauflauf Gabriel

1 l Milch
Salz
½ Vanilleschote
1 unbehandelte Zitrone
130 g Milchreis
60 g Butter

60 g Zucker
4 Eier
6 Äpfel
½ EL Butter
3 EL Himbeermarmelade

Die Milch mit einer Prise Salz, der aufgeschnittenen Vanilleschote und der dünn geschnittenen Zitronenschale zum Kochen bringen. Den Reis darin 20 Minuten ausquellen lassen. Danach die Vanilleschote und die Zitronenschale herausnehmen. Die Butter mit Zucker und 4 Eigelb schaumig rühren und unter den Reis mischen. Die Äpfel schälen und das Kerngehäuse herausnehmen. In dies verbliebene Loch die Marmelade füllen. Eine feuerfeste Form gut buttern und die Äpfel hineinstellen. Das Eiweiß zu steifem Schnee schlagen und unter den Reis heben. Die ganze Reismasse nun über die Äpfel verteilen und den Auflauf im vorgeheizten Ofen 45 Minuten bei 200° überbacken.

Bananen-Reis-Auflauf

¾ l Milch	80 g Zucker
200 g Milchreis	250 g Bananen
3 Eier	Butter für die Form
60 g Butter	1 Päckchen Vanillinzucker

Milch aufkochen und den Reis hineinrieseln lassen. 20 Minuten ausquellen lassen und dann kühl stellen. Die Eier trennen. Die Eigelb mit Butter und einem Teil des Zuckers schaumig rühren. Dann vorsichtig unter den Reis mischen. Die Bananen schälen, in Scheiben schneiden und danach mit dem restlichen Zucker bestreuen. Etwas ruhen lassen. Eine Auflaufform gut fetten. Die erste Lage Reismasse hineingeben. Die gezuckerten Bananenscheiben darauf verteilen und als nächstes wieder eine Lage Reismasse daraufgeben. Die Eiweiß mit Vanillinzucker steif schlagen und über die ganze Masse geben. Den Auflauf im vorgeheizten Backofen bei 200° 45 Minuten überbacken.

Rhabarberauflauf mit Reis

750 g Rhabarber	2 cl Rum
250 g Zucker	100 g gehackte Mandeln
1 Zitrone	1 Päckchen Vanillinzucker
½ l Milch	75 g Rosinen
Salz	4 Eiweiß
50 g Butter	30 g Butter
100 g Milchreis	Puderzucker
1 Eigelb	

Den gewaschenen, in Stücke geschnittenen Rhabarber mit 150 g Zucker und etwas Zitronensaft in einen Topf geben. Halb gar dünsten und dann abkühlen lassen. Milch mit einer Prise Salz, dem restlichen Zucker und der Butter aufkochen lassen. Den abgespülten Milchreis dazugeben und bei schwacher Hitze etwa 30 Minuten quellen lassen. Dann Eigelb, Rum, Mandeln, Vanillinzucker und Rosinen zusammen mit dem Rhabarber unter den Reis heben. Eiweiß steif schlagen und zum Schluß vorsichtig unterziehen. Die ganze Masse in eine gut gefettete Auflaufform füllen und Butterflöckchen obendrauf verteilen. Den Auflauf etwa 45 Minuten im vorgeheizten Ofen bei 200° überbacken. Danach etwas Puderzucker darüberstäuben und noch einige Minuten im Ofen glasieren lassen.

Schokoladen-Reis-Auflauf

200 g Milchreis
1 l Milch
Salz
3 Eier
100 g Zucker
1 Päckchen Schokoladen-
puddingpulver

2 EL Kakaopulver
2 EL gemahlene Mandeln
1 TL Backpulver
einige Tropfen Butter-
vanillearoma
30 g Butter oder
Margarine

Reis kurz unter fließendem kaltem Wasser waschen, dann mit der Milch und 1 Prise Salz zum Kochen bringen und bei milder Hitze ausquellen lassen. Reis dann abkühlen lassen. Eigelb mit Zucker schaumig schlagen. Puddingpulver, Kakao, Mandeln und Backpulver mischen und mit Eigelb und Buttervanillearoma unter den Reis mischen. Eiweiß steif schlagen und unterheben. Masse in eine gefettete Auflaufform füllen, mit der restlichen Butter oder Margarine in Flöckchen belegen und im vorgeheizten Ofen bei 180° etwa 1 Stunde backen. Dabei eventuell die letzten 20 Minuten mit Alufolie abdecken, damit der Auflauf nicht zu sehr bräunt.
Dazu schmeckt am besten Vanillesauce.

Gefüllter Grießauflauf

½ l Milch
Salz
100 g Zucker
150 g Weizengrieß
75 g Butter oder
Margarine
1 unbehandelte Zitrone
4 Eier

500 g Magerquark
75 g Zucker
2 EL gehackte Mandeln
3 EL gehackte getrocknete
Pflaumen
30 g Butter oder
Margarine

Milch mit 1 Prise Salz und Zucker zum Kochen bringen. Grieß einrühren und bei milder Hitze ausquellen lassen. Dann etwas auskühlen lassen. Fett, abgeriebene Zitronenschale und 3 Eigelb verquirlen und unter den Grieß mischen. 4 Eiweiß steif schlagen und vorsichtig unterheben. Quark mit dem restlichen Eigelb, Zucker, Mandeln und Pflaumen verrühren. Hälfte der Grießmasse in eine gut gefettete Auflaufform füllen. Mit dem Quark bestreichen und mit dem restlichen Grieß bedecken. Auflauf mit dem restlichen Fett in Flöckchen belegen und im vorgeheizten Ofen bei 175° etwa 1 Stunde backen. Wenn er zu schnell bräunt, den Auflauf mit Alufolie abdecken.

Süßer Grießauflauf

250 g Weizengrieß   4 Eier
1 l Milch   80 g Zucker
Salz   60 g Butter
1 Stück unbehandelte
Zitronenschale

Grieß in Milch mit einer Prise Salz und der Zitronenschale kochen, beiseite stellen und etwas auskühlen lassen. Eine Schaummasse aus Eigelb, Zucker und der Hälfte der Butter rühren und dann den ausgekühlten Grießbrei löffelweise dazugeben. Sehr steifen Eischnee herstellen und vorsichtig unter die Masse ziehen. Das Ganze in eine gefettete Auflaufform geben, mit Butterflöckchen belegen und im vorgeheizten Ofen etwa 45 Minuten bei 175° überbacken.

Großmutter's Apfelauflauf
(Foto S. 113)

500 g Äpfel
2 EL Zucker
etwas Zimt
1 Tasse Weißwein
evtl. etwas Himbeer-
marmelade
5 Eigelb

90 g Zucker
250 g geriebene Mandeln
50 g Mehl
5 Eiweiß
90 g Zucker
¼ l Sahne
Himbeermarmelade

Die Äpfel schälen und zu groben Würfeln schneiden. Mit Zucker, etwas Zimt und Weißwein nicht ganz weich kochen und abkühlen lassen. Das Kompott abtropfen lassen und in eine feuerfeste Schüssel geben. Man kann etwas Himbeermarmelade über die Äpfel geben. Nun die Eigelb mit dem Zucker schaumig rühren. Die geriebenen Mandeln und das Mehl mischen und unter die Eigelbmasse ziehen. Die Eiweiß steif schlagen und nach und nach den Zucker einrieseln lassen. Eigelbmasse und Eischnee zusammengeben und mit dem Kochlöffel vorsichtig mischen. Über die Apfelstücke geben und in dem auf 190° vorgeheizten Ofen 40 Minuten backen. Etwas abgekühlt mit der halbsteif geschlagenen Sahne und einigen Himbeermarmeladetupfen verzieren.

Register nach Sachgruppen

Alphabetisches Register